D1720450

Tel.: 01805 / 30 99 99
(0,14 €/Min., Mobil max. 0,42 €/Min.)
www.buchredaktion.de

Das wäre doch gelacht

Die unvergessene Marianne Kiefer

Erinnerungen

Aufgezeichnet von Alex Wolf

eb edition berolina

eb edition berolina

1. Auflage dieser Sonderausgabe
Alexanderstraße 1
10178 Berlin
Tel. 01805/30 99 99
FAX 01805/35 35 42
(0,14 €/Min., Mobil max. 0,42 €/Min.)

© 2014 by BEBUG mbH / Edition Berolina, Berlin
© 1996 by Ullstein Buchverlage GmbH, Berlin
Umschlaggestaltung: Susanne Weiß, BEBUG
Umschlagabbildung: © Schumann + Stingl GbR/
Alexander Stingl, Berlin
Druck und Bindung: CPI Moravia Books GmbH

www.buchredaktion.de

Inhalt

1. Meine Kindheit hinter den Kulissen

Mein Leben lang esse ich pünktlich um zwölf Uhr zu Mittag. Na ja, mit Einschränkungen. Denn nicht immer kann ich dann, wenn sich mein Magen meldet, zum Essen marschieren. Aber gewohnt bin ich es so. Alles bei mir hat seine Ordnung. Wenn ich nicht in Dresden geboren wäre, würde ich sagen, seine »preußische Ordnung«. Sogar bei meiner Geburt habe ich mich nach der Uhr gerichtet: Pünktlich zur Mittagszeit um zwölf Uhr am 3. September 1928 beglückte ich meine Eltern mit meinem ersten Schrei. Nun, und diese Zeit habe ich eben beibehalten.

Meine Eltern Erna und Hans Kiefer sind ein Künstlerehepaar, auf allen Varieté- und Revuebühnen im deutschsprachigen Raum als Conférenciers überaus gefragt. Als ich geboren werde, haben sie sich bereits ein schönes Mehrfamilienhaus mit Garten in Dresden-Neustadt kaufen können. Dort, in der Konkordienstraße und den umliegenden Straßenzügen, sind meine Eltern überaus beliebt. Es ist durchaus keine »bessere« Wohngegend. Viele Arbeiter und kleine Angestellte wohnen in unserem Viertel. Die Not Ende der zwanziger Jahre ist in den meisten Wohnungen zu Hause. Viele Männer sind arbeitslos, die Frauen verdienen sich oft mit einfachen Heimarbeiten ein paar Groschen zum Überleben.

Vater stundet als Vermieter manche Mietzahlung und hört sich geduldig die Sorgen der kleinen Leute an.

Für viele ist er über Jahre hinweg eine wichtige Vertrauensperson. Wie offen vor allem auch Frauen mit ihm über ihre gesundheitlichen Probleme sprechen und ihm ihr Herz ausschütten, darüber wundert sich Mutter oft.

Sie selbst ist eine schöne, eher zurückhaltende Frau. Nach jeder Tournee kann die Nachbarschaft beobachten, wie sich die elegante Frau Kiefer in eine Hausfrau verwandelt, die erst einmal ihre Wohnung auf Vordermann bringt und im Waschhaus mit eigenen Händen dafür sorgt, dass die Kleidung des »Künstlerpaars« schnell wieder gewaschen, gestärkt und gebügelt reisefertig in den Schränken liegt. Sie kümmert sich um alle Angelegenheiten des Haushaltes selbst. Und das bedeutet einiges an Arbeit – auf einer mitunter über Wochen gehenden Tournee durch verschiedene Städte Deutschlands, oft auch der Schweiz und Österreichs, sammelt sich so manches an. Später übliche Haushaltshilfen gibt es zu dieser Zeit kaum, die Hausfrau muss noch jedes Wäschestück einzeln in die Hand nehmen.

Sosehr ich Wunschkind der beiden bin, sosehr beschere ich ihnen nicht wenig Probleme. Die Bühne ist ihr Lebensunterhalt. Wohin nun aber mit ihrem »Mariannchen« während ihren Tourneen?

Nach gründlicher Beratung entscheiden sie: »Marianne kommt mit!« Und so gehe ich bereits im zarten Säuglingsalter »auf Tournee«.

Später unvorstellbar: Zu allen Gastspielorten reisen

wir mit dem Zug! Riesige Koffer werden im Gepäckwagen verstaut, denn zumeist bleiben meine Eltern mindestens vier Wochen in einem Engagement. Wenn sie dann abends im Kölner »Kaiserhof«, im Hamburger »Trichter« oder im »Schumann-Theater« in Frankfurt am Main auf der Bühne stehen, schlafe ich wohlbehütet unter den Augen eines Kindermädchens im Zimmer ihres Hotels oder einer Pension. Als ich älter werde, müssen meine Eltern nicht einmal mehr das Geld für das Kindermädchen aufwenden. Ich bin ein liebes, ruhiges Kind und an das abendliche Alleinsein schnell gewöhnt. Es genügt bald völlig, wenn das Zimmermädchen am Abend einige Male einen Blick ins Zimmer wirft und schaut, ob »Mariannchen« schläft.

Doch nicht immer geht alles so reibungslos über die Bühne. Im Winter 1933 gastieren meine Eltern in Hindenburg/Oberschlesien. Das Wetter spielt verrückt: Regen, Schnee und eisige Winde. Und so wundern sie sich kaum, als ich urplötzlich hohes Fieber bekomme.

Meine Mutter zögert jedoch nicht lange und holt eine Ärztin, die mich allerdings nur oberflächlich untersucht. Schon nach ein paar Minuten meint sie voller Überzeugung: »Machen Sie sich keine Sorgen, es ist eine einfache Erkältung. Bei dem Wetter ja kein Wunder.« Während sie ihren Mantel wieder überzieht, empfiehlt sie meiner Mutter: »Packen Sie Ihre Tochter in heiße Tücher ein, sie muss tüchtig schwitzen! Dann werden wir ihr das Fieber bald ausgetrieben haben.«

Doch das Fieber geht nicht herunter. Im Gegenteil: Es klettert in schwindelerregende Höhen.

Meine Eltern kommen die ganze Nacht nicht zur Ruhe und machen sich große Sorgen. Vater meint nach dieser schlimmen Nacht, es sei wohl besser, einen weiteren Arzt zu konsultieren. Als dieser erscheint und mich ansieht, schlägt er die Hände über dem Kopf zusammen: »Mein Gott«, meint er entsetzt, »eine klassische Fehldiagnose. Das kann dem Kind das Leben kosten! Das ist doch keine Erkältung! Das ist Scharlach!«

Er weist mich in das »Knappschafts«-Krankenhaus in Hindenburg ein. Die Zustände in diesem Bergarbeiter-Krankenhaus sind erschreckend. Mindestens zwanzig Kinder liegen mit mir im Raum. Die Wände sind in einem hässlichen Dunkelgrün gestrichen, die Fenster ähneln Schiffsluken, die kaum Licht ins Innere lassen. Alle Altersklassen liegen gemeinsam in einem Zimmer, ungeachtet ihrer Krankheiten.

Die hygienischen Zustände hier sind miserabel. Kaum klingt meine Scharlacherkrankung ab, fange ich mir die Masern ein. Für meine Eltern gehören diese Wochen zu den schlimmsten in ihrem Leben. Abend für Abend müssen sie auf der Bühne des Theaters in Hindenburg stehen und für Frohsinn sorgen, während ich im genau gegenüberliegenden Krankenhaus um mein kleines Leben ringe. Jede freie Stunde nutzen sie, um nach mir zu sehen. So nah liegen im Leben Freud und Leid beieinander!

Wir werden von Nonnen betreut. Die meisten sind sehr lieb zu uns, kümmern sich aufopfernd um die kranken Kinder. Bis auf eine: Sie ist sehr bösartig.

Sobald ein Kind vor Schmerz oder Heimweh weint, droht sie: »Wenn du nicht ruhig bist, kommst du ins Leichenhaus!« Selbstverständlich übt das gerade auf die Kleineren eine ungeheure Wirkung aus, und dem Heilungsprozess sind die gemeinen Drohungen der frommen Schwester ganz sicher nicht gerade zuträglich.

Die Größeren aber scheren sich nicht um die Nonnen. Sie machen hinter deren Rücken Faxen und ziehen Grimassen. Sobald keine der Nonnen mehr zu sehen ist, springen und hüpfen die älteren Kinder über die Betten. Beim Herumtoben singen sie lauthals. Vor allem ein Lied bleibt mir im Gedächtnis haften, denn die Kinder singen es nach der einprägenden Melodie eines alten Marschliedes.

Die Freude ist groß, als ich nach Wochen gesund aus dem Krankenhaus entlassen werde. Freilich sind meine Eltern schockiert, als ich fünfjährige Göre am Mittagstisch die Knochen der extra für mich als Schonkost zubereiteten Taube über die Schulter ins Zimmer werfe und dabei mein Lieblingslied aus dem Krankenhaus singe: »Der Sowjetstern, der ist das nicht. Das ist des Thälmanns Arschgesicht!«

Ich weiß selbstverständlich nicht, was der Inhalt des Reims zu bedeuten hat. Ich finde es nur unglaublich lustig, die Knochen durch das Zimmer zu werfen. Unvorstellbar für ein so wohlerzogenes Kind! Meine Eltern sind entsetzt.

Dennoch kommt eine Bestrafung für sie nicht in Frage. Einerseits wissen sie, dass ich das alles nur nachplappere und keine Ahnung vom Sinn der Worte habe. Andererseits sind sie froh, dass ich dem Tod »von der Schippe gesprungen« bin und sie mich endlich wieder um sich haben.

Die Freude über meine Genesung währt nicht lange. Wenige Wochen später, meine Eltern gastieren noch immer in Hindenburg, werde ich wiederum schwer krank. Diesmal diagnostiziert der Arzt Diphtherie, Mittelohrvereiterung, Angina. Da mein kleiner Körper von der letzten Erkrankung noch sehr geschwächt ist, veranlasst mein Vater, dass ich diesmal sofort ins Städtische Krankenhaus eingewiesen werde. Dort rettet mir ein Kinderarzt das Leben: Dr. Michaelis. Er ist Jude. Als ihn mein Vater bei meiner Entlassung fragt, was er ihm an Honorar schulde, antwortet er: »Nichts, lieber Herr Kiefer. Da, wo ich hingehe, brauche ich kein Geld mehr.« Er ahnt wohl, was ihm als Jude bevorsteht.

Ich kann als Kind diese Worte überhaupt nicht verstehen. Mein Vater sagt mir später: »Vergiss nie den Namen Dr. Michaelis. Er war ein jüdischer Arzt und hat dir das Leben gerettet!«

Den Faschismus bekommt Vater bald auch selbst am eigenen Leibe zu spüren. Als ich eines Morgens aufwache und zu meinen Eltern ins Bett krieche, sehe ich zu meinem großen Erschrecken, dass Vaters Gesicht völlig zerkratzt und blutig ist. Erschrocken frage ich meine Mutter, was geschehen sei. Sie erzählt mir, dass am Abend zuvor eine Horde völlig betrunkener SA-Leute in der Vorstellung gewesen wäre. Als

Vater seine Darbietung beendet hatte, rief einer der SA-Leute: »Eine ausgezeichnete Nummer! Aber leider von einem Juden!« Nun ist Vater zwar kein Jude, entspricht aber wohl vom Äußeren her dem zu jener Zeit von der Nazipropaganda verbreiteten »Judenbild«. Die Meute stürmte die Bühne und schlug meinen Vater zusammen. Er hat nicht einmal die Chance zu beteuern, dass er »arisch« sei. Und hätte er diese Chance gehabt, er hätte sie wohl kaum genutzt.

1935 werde ich in Dresden-Neustadt eingeschult. Doch meine Eltern haben überall im deutschsprachigen Raum ihre Verpflichtungen. Sie entschließen sich, mich auch weiter mit auf Reisen zu nehmen. So kommt es, dass ich im Laufe meiner Schulzeit über fünfzig verschiedene Schulen von innen sehe! Jedes Mal, wenn wir in einer anderen Stadt ankommen, besteht die erste Aufgabe meiner Mutter darin, mich bei der Hand zu nehmen und in der Schule anzumelden. Das ist mitunter gar nicht so einfach. Auf ein »Künstlerkind« will sich kaum eine Schule einlassen. Für die meist nur wenigen Wochen, während denen ich in einer Schule bleibe, wird unnötige Unruhe in den braven Mädchenklassen befürchtet. Doch die Angst der Schuldirektoren ist unbegründet, die Hoffnungen der sensationslüsternen Schülerinnen auf ein ausgeflipptes Künstlerkind werden enttäuscht. Ich bin wohlerzogen, schüchtern und zurückhaltend. Ziehen wir weiter, finden sie in den abschließenden Beurteilungen der Lehrer und Direktoren für mich nur die besten Worte: »Ruhig, gut erzogen, fleißig, wissbegierig.«

Keiner sieht, was in mir vorgeht. Es ist für mich nicht einfach, immer eine Außenseiterin zu sein. In den wenigen Wochen gelingt es mir kaum, viele Freunde zu finden. Ich bleibe abseits. Es fällt mir auch nicht leicht, dem Lernstoff zu folgen – bei jeder Ummeldung muss ich mich neu orientieren.

Einmal bin ich weiter im Stoff, ein anderes Mal die neue Klasse. Vor allem in Rechnen bekomme ich dadurch so große Schwierigkeiten, dass ich Nachhilfestunden nehmen muss. Zum Glück haben meine Eltern Verständnis für meine Situation, sie machen mir nie Vorwürfe, wenn meine Leistungen zu wünschen übrig lassen. Sie wissen genau, wie schwer es für mich ist, immerzu von einer Schule in die nächste zu wechseln und von vorn anzufangen.

Eines aber habe ich meinen Mitschülerinnen immer voraus: Ich kenne Deutschland. So viele Städte wie ich hat noch keine andere gesehen! Ich habe in Saarbrücken, Köln, München, Berlin, Hamburg und Frankfurt am Main die Schule besucht. In Hamburg kann ich den staunenden Mädchen von den riesigen Alpen erzählen, in der Münchner Schule lauscht die Klasse wissbegierig meinen Erzählungen über die Nordsee und den Hamburger Hafen.

Und ich darf ins Theater, sogar hinter die Kulissen! Gibt es eine Nachmittagsvorstellung, dann erlauben mir meine Eltern, diese nach der Schule zu besuchen. Den Abend muss ich jedoch immer im Hotel oder in der Pension verbringen. Meine Eltern können sich darauf verlassen, dass ich rechtzeitig ins Bett gehe.

Eines Tages, während einer Theateraufführung, stürze ich in tiefe Gewissenskonflikte. Realität und Phantasie – das sind zwei Welten, die nicht immer einfach zu trennen sind! Meine Eltern haben auf der Bühne ein Paar zu verkörpern, das sich heftig streitet. Plötzlich denke ich gar nicht mehr daran, dass ich mich im Theater befinde und alles nur ein Spiel ist. Noch nie habe ich meine Eltern vorher in einer derart lautstarken Auseinandersetzung gesehen. Ich bin völlig verwirrt, beginne zu weinen. Ich weiß nicht, zu wem ich halten soll. Wer hat recht? Ich liebe doch beide!

Was, wenn ich mich einmal zwischen ihnen entscheiden müsste? Mir wird plötzlich bewusst, dass ich aus solch einem Konflikt keinen Ausweg wüsste. Zum Glück bleibt mir dies erspart.

Doch mein Leben lang begleitet mich diese für mich gespenstische Szene. Und oft, wenn ich Eltern in Gegenwart ihrer Kinder streiten sehe, wird die Erinnerung wach. Wissen diese Menschen, denke ich, was sie ihren Kindern antun, in welche tiefen Konflikte sie die kleinen Kinderseelen stürzen?

2. Fürs Klosterleben bin ich nicht geboren

Wenig später gehen meine Eltern auf Gastspiele ins Ausland. Sie haben keine Wahl: Sie können mich nicht mitnehmen. Vater will jedoch auf keinen Fall, dass ich in ein staatliches Erziehungsheim komme. Er mag die Nazis nicht und möchte unter allen Umständen vermeiden, dass ich von fanatischen »Nazissen« erzogen werde. Und deshalb sorgt er dafür, dass ich in das »Josephinenstift« in Dresden aufgenommen werde. Es ist ein bischöfliches Internat der katholischen Kirche, das über Deutschlands Grenzen hinaus einen außerordentlich guten Ruf hat. Töchter aus gutem Haus werden hier von strengen Nonnen erzogen. Ich befinde mich in Gesellschaft spanischer und italienischer Mädchen.

Es ist gut gemeint von meinen Eltern, und sicher bezahlen sie auch sehr viel Geld für diese Ausbildung. Doch ich leide unter dem Klosterleben. Groß ist der Schmerz aber vor allem an Besuchstagen, wenn ich allein im Klostergarten auf einer Bank sitze und die anderen Mädchen mit ihren Eltern und Geschwistern fröhlich schwatzend durch den Park laufen sehe. Ich habe nur meine Puppe als »Bezugsperson«, die mir zugestanden wurde, weil ich die jüngste Schülerin bin. Puppen sind im Kloster sonst streng verboten, und eine Umgehung dieses Verbotes ist auch kaum möglich. Da ist selten zu vermeiden, dass andere Mädchen neidisch auf dieses »Privileg« schielen.

Wir schlafen in einem großen Saal, und unsere »Privatsphäre« beschränkt sich auf unser Metallbett und einen winzigen Nachtschrank, in dem unsere Habseligkeiten untergebracht sind. Um die Betten herum sind Metallgestelle aufgebaut, an denen große weiße Tücher als Raumteiler angebracht sind.

Mein Leben lang vergesse ich die Badetage im Kloster nicht. In den Baderaum werden von den emsigen Nonnen Zinkwannen geschleppt, in die wir Mädchen, angezogen mit unseren weißen Unterhemden, steigen müssen. Nackt baden ist nicht gestattet, die Sitte muss gewahrt bleiben. Sogar wir Mädchen untereinander dürfen uns nicht nackt sehen. Es ist kein Wunder, dass für viele der in solchen Klosterschulen erzogenen Mädchen später die Ehe eine Katastrophe wird!

Eine willkommene Abwechslung im langweiligen Klosteralltag sind die Spaziergänge durch Dresden. Mit unserer züchtigen Schulkleidung streng in Zweierreihe und den Blick auf die Fußspitzen gerichtet, spazieren wir durch die Elbestadt. Wir empfinden es als einen echten Höhepunkt, wenn Mutter Veronika mit uns über die Leipziger Straße mit der Straßenbahn fährt. Mutter Veronika, eine kleine, kugeldicke und gemütliche Frau, ist für mich der einzige Lichtblick unter all den strengen Nonnen der Anstalt.

Eines Tages bereite ich ihr großen Kummer: Während eines Ausflugs unter ihrer Aufsicht ergreife ich die Flucht, laufe zu meinem Elternhaus in die

Konkordienstraße. Es dauert nicht lange, und ich bin wieder gefasst. Eine allein durch Dresden streifende Klosterschülerin fällt schließlich auf!

Eine Strafe bekomme ich zur Überraschung nicht. Diesmal nicht.

Ein späteres Mal komme ich jedoch nicht so einfach davon. Meine Babypuppe hat schon lange für Neid unter meinen Mitschülerinnen gesorgt. Eines Tages nimmt mir nun eine der älteren Schülerinnen die Puppe weg, wirft sie auf den Boden und zertrampelt ihr hübsches kleines Gesicht. Tagelang weine ich, denn meine Puppe war tatsächlich meine einzige Vertraute, der ich nachts stundenlang meine Sorgen und Nöte anvertraut hatte.

Als ich kurz nach dem schmerzlichen Verlust meiner Puppe mit Mutter Calasanza im Kostergarten spaziere, zeigt sie gen Himmel und sagt: »Sieh nur, Marianne! Eine Sternschnuppe!«

Staunend beobachte ich den Naturvorgang. »Nun, Marianne, du darfst dir jetzt etwas wünschen!«

»Ach, ich wünsche mir so sehr ein Baby«, entfährt es mir, mit den Gedanken immer noch bei meiner geliebten Babypuppe.

Am Abend wird mir das Ergebnis des meinetwegen einberufenen Strafgerichts mitgeteilt: drei Tage Nachtischentzug. Kein Verlust, denke ich mir und bin beruhigt. Denn das Essen im Kloster ist abscheulich. Noch Jahrzehnte später kann ich den Geruch von Margarine nicht ertragen, die uns die Nonnen statt Butter auf die Brote schmierten. Nun will ich den guten Ruf des Internats nicht beschmutzen, doch mein Vater erzählte mir später, er habe eigentlich »für Butter« bezahlt …

Mutter Veronika aber hat in jenen Tagen Mitleid mit mir. Sie ist zur Küchenarbeit eingeteilt, und als sie uns unbeobachtet wähnt, steckt sie mir heimlich den Nachtisch zu. Am Abend sehe ich sie zur Beichte laufen – die arme, warmherzige Mutter Veronika hat offensichtlich große Gewissensbisse. Und dabei könnte ich doch gut und gern auf den Nachtisch verzichten.

Doch es gibt auch Höhepunkte im langweiligen Klosterleben. Wir haben einen jungen Kaplan. Er weiß, dass ich nie Besuch bekomme, weil meine Eltern im Ausland arbeiten. Und er erfährt auch von meiner Babypuppe. Kurz darauf streicht er mir über den Kopf, greift in eine Tasche seines Priesterrocks und befördert ein kleines Gebetbuch zutage. Auf dem Umschlag ist ein buntes Bild des Jesuskindes. Er schenkt mir das Buch, dazu ein winzig kleines Kätzchen aus Schokolade mit den Worten: »Lass dir's gut schmecken, mein Kind.«

Ich bin glücklich, und im Überschwang meiner Freude greife ich sogleich zum Stift und schreibe meinen Eltern unverzüglich einen langen Brief.

Doch die Wirkung meines Berichts ist für mich überraschend. Vater deutet das Mitgefühl des jungen Kaplans offensichtlich anders. Meine Eltern brechen ihr Gastspiel sofort ab und nehmen mich von der Schule.

Als Vater mich abholen kommt, erkennt er mich kaum. Das Essen war schlecht, und an meinem mageren Körper glaubt er die Speisekarte des Klosters wohl geradezu plastisch ablesen zu können. Ich bin spindeldürr.

3. Der Krieg scheint fern

Das Alleinsein hat nun vorerst für mich ein Ende. Meine Eltern haben ebenso wie ich unter der Trennung gelitten. Umso mehr genießen wir jetzt unser Zusammensein. Ab sofort gehen wir wieder alle drei auf Tournee durch Deutschland, meine Eltern nehmen keine Auslandsverpflichtungen mehr an. Einerseits fehlt ihnen dazu die Zeit, andererseits erlauben es die politischen Verhältnisse schon bald nicht mehr.

Im Sommer 1939, wir sind für ein paar Tage in Dresden, sitze ich mit meiner Mutter auf einer Decke in der Badeanstalt am »Weißen Hirsch« und genieße den herrlichen Sonnentag. Es sind noch drei Tage bis zu meinem Geburtstag. Wir wollen uns eben mit einem Sprung ins Wasserbecken erfrischen, als eine Durchsage über Lautsprecher der Idylle ein jähes Ende bereitet: »Deutschland hat soeben Polen den Krieg erklärt.«

Für uns ändert sich vorerst nicht viel, der Krieg scheint fern zu sein. Der Alltag geht seinen gewohnten Gang, bald reisen wir zum nächsten Gastspiel ab. In den Schulen verlieren wir nun beinahe jeden Tag Unterrichtszeit, indem wir die »Führerreden« gemeinsam hören und darüber sprechen.

Und ob zu Hause in unserer Dresdner Wohnung oder unterwegs in Hotels und Pensionen – überall höre ich die Reden Hitlers, denn ich muss in der

Schule mitreden können. Vater verlässt sofort stumm den Raum, wenn ich den Radioapparat lauter stelle.

Meine Eltern haben auch zu Zeiten des Krieges alle Hände voll zu tun, können sich vor Arbeit kaum retten. Sie bestreiten »KdF«-Tourneen. »Kraft durch Freude« – unter diesem Slogan liefen in jener Zeit viele attraktive Veranstaltungen, mit denen die Bevölkerung von den eigentlichen Vorgängen im Land abgelenkt und bei der Stange gehalten werden sollte. Die Unterhaltungsbranche boomt. Bald müssen meine Eltern auch wieder ins Ausland. Sie gehören zu den zahlreichen Künstlern, die an der Westfront für Stimmung sorgen sollen.

Sie fahren nach Holland, Frankreich, Belgien, kommen bis an die spanische Grenze. Ich muss jetzt häufig zu Hause bleiben. Ins Kriegsgebiet dürfen meine Eltern mich nicht mehr mitnehmen. Und hätten sie es gedurft – Vater und Mutter wären nie bereit gewesen, mich dieser Gefahr auszusetzen.

Ich wohne weiter in unserer Wohnung. Da sich meine Eltern immer gut mit allen Nachbarn verstanden haben, bin ich nie einsam. Ich werde von der netten Familie Weinhold betreut. Herr Weinhold ist Kommunist, wird ab und zu von der Gestapo abgeholt, darf aber stets wieder nach Hause. Was bei der Gestapo mit ihm geschieht, darüber verliert er nie ein Wort. Doch jeder, mein Vater, die ganze Gegend weiß von den Vorfällen. Es ist auch kein Geheimnis, dass mein Vater die Nazis hasst. Aber die kleinen Leute in unserer Gegend achten ihn. Keiner gibt sich dafür her, ihn zu bespitzeln oder eine seiner unbedachten Äußerungen zu verraten. Selbst der Blockwart der Nazis lässt ihn in Ruhe. Er akzeptiert, dass mein Vater die Familie des Kommunisten Weinhold in seinem Mietshaus wohnen lässt und sogar noch unterstützt.

Ich fühle mich bei den einfachen Leuten in unserer Nachbarschaft ausgesprochen wohl. Meine Freundin Ulla wohnt nur ein paar Häuser weiter, und oft bleibe ich zum Essen bei ihr. Ihr Vater ist zu jener Zeit bereits seit sieben Jahren arbeitslos. Ullas Mutter verdient ein paar Mark in der Woche mit Heimarbeit: Sie dreht Nieten. Obwohl die Familie sehr arm ist, gibt sie vom nicht gerade reichlichen Essen immer noch ab. Und mir schmeckt es bei Ullas Mutter oft besser als zu Hause.

Nie werde ich die herrlichen Brühnudeln vergessen, die sie aus einfachen Mitteln zaubert. Reichen die vorbereiteten Nudeln nicht aus, wird das ganze Gericht einfach mit einer Schöpfkelle Wasser gestreckt – und schon ist wieder genug da. Mutter wundert sich oft, wenn ich an unserem stets reichlich gedeckten Tisch nicht so recht zugreife. Butter, Fleisch, gutes Gemüse, und das alles immer lecker zubereitet – Nahrungsmittel, die sich Ullas Familie nicht leisten kann. Dennoch ist Ulla glücklich und liebt ihre Eltern.

Sie hat auch eine niedliche kleine Schwester. »Perlzwiebelchen«, wie wir sie aufgrund ihrer hochgesteckten Haare nennen, schielt ein wenig. Die Jungen in der Straße, aber auch einige Mädchen, necken sie deshalb häufig. Die Kleine leidet sichtlich darunter.

Meinen Vater, der sonst so beliebt ist, mag sie anfangs gar nicht. Wenn sie mich besuchen will, kratzt sie an der Tür – hoch zur Klingel kommt sie ja noch nicht – und fragt als Erstes: »Is der Mann do?« Sage ich ja, verschwindet sie wieder.

Doch eines Tages arbeitet Vater im Garten und verwickelt Perlzwiebelchen geschickt in ein Gespräch. Ich staune, als ich die beiden da plötzlich in eine angeregte Unterhaltung vertieft sehe. Am Abendbrottisch erzählt Vater, dass die Kleine ihm ihr Leid geklagt habe. Die Kinder verspotten sie, weil sie schielt. Vater will nun dafür sorgen, dass das nicht mehr vorkommt. Und er erreicht, was er sich vornimmt, schließlich ist er in unserer Gegend eine allgemein anerkannte Autorität.

Außerdem richtet er der Kleinen in unserem Garten ein eigenes kleines Beet ein. Sie ist sehr stolz darauf, hegt und pflegt emsig ihre kleinen Möhren- und Kohlrabipflänzchen, die Vater ihr geschenkt hat.

Die Anhänglichkeit dieses Kindes, seine Liebe zu meinem Vater spüre ich einen Tag nach seiner Beerdigung im eiskalten Nachkriegswinter 1946. Ich treffe sie auf der Straße, in der Hand hält sie ein kleines Henkelkörbchen. Ich schaue in das Körbchen und erblicke einen kleinen trockenen Rest Brot und ein altes Stück Wurst. »Wo willst du denn damit hin?«, frage ich erstaunt. »Auf den Friedhof zu Herrn Kiefer, der hat doch Hunger«, antwortet sie. Ich bin tief erschüttert.

4. Berufswunsch: Schauspielerin

Zurück ins Jahr 1942: Ich werde in Dresden konfirmiert und komme auf die Oberschule. Zum ersten Mal bleibe ich über einen längeren Zeitraum in einer Klasse.

Die Schule liegt gegenüber dem Zwinger, unmittelbar neben dem Schauspielhaus. Für mich haben die beiden Gebäude eine große Bedeutung. Im Zwinger, auf einer Bank, die übrigens noch heute steht, schreibe ich von meiner Schulfreundin die Mathematikhausaufgaben ab. Das Schauspielhaus betrachte ich sehnsüchtig vom Fenster des Klassenzimmers aus – so habe ich immer das Sinnbild meines Berufswunsches vor Augen: Ich möchte doch so gern Schauspielerin werden!

Meine Eltern haben Verständnis für meinen Berufswunsch. Der Apfel fällt eben doch nicht weit vom Stamm. Möchte ich Geld für Theaterkarten haben, greift Vater immer in die Tasche. Und so sitze ich oft schon früh um fünf Uhr auf einem Klappstuhl vor der Semperoper, damit ich zu den ersten Kunden an der Kartenkasse gehöre und mir einen guten Platz sichern kann.

Die Semperoper bringt mir unwiederbringliche, einmalige musikalische Erlebnisse und Eindrücke. Ich habe das große Glück, Maria Cebotari als Mimi in Puccinis »Bohème« zu erleben. Unvergesslich bleibt mir die Aufführung von Beethovens »Fidelio« mit Kurt Böhme.

Im Schauspielhaus erlebe ich unter anderem Erich Ponto, den großen Charakterdarsteller jener Zeit, als Mephisto in Goethes »Faust«. Ich sauge Musik und Theater förmlich in mich auf.

Ich kenne alle Schauspieler. Ob Schauspiel, Oper, Operette oder Film – in jener Zeit werden Idole geboren, die heute noch unvergesslich sind: Ilse Werner, Marika Rökk, Johannes Heesters, Erich Ponto …

Erich Ponto fahre ich eines Tages mit der Straßenbahn nach, nur, um ein Autogramm von ihm zu erbitten. Und ich bekomme es!

In der Schule ist es bald allgemein bekannt, dass »Mariannchen« Schauspielerin werden will.

Nun habe ich von meinen Eltern vor allem eins geerbt: das Talent zum Komischen. Doch selbstverständlich kann und will ich Backfisch das noch nicht erkennen. Meiner Umwelt geht es da schon anders – die sieht es!

In der Schule führen wir eines Tages das »Käthchen von Heilbronn« auf, und mir wird die Ehre der Hauptrolle zuteil. Ich lebe die Rolle voll aus, leide als Käthchen alle Qualen dieser Welt – doch meine Klasse tobt, einschließlich des gesamten anwesenden Lehrpersonals. Die Tränen, die ich bei meinem Publikum hervorrufe, sind Lachtränen. Ich muss saukomisch sein.

Mir selbst kommt das natürlich gar nicht komisch vor. Ich bin davon überzeugt, dass ich noch weiter »an mir arbeiten« muss.

Also gebe ich nicht auf. Auch die »Jungfrau von Orleans« muss noch dran glauben. Ich lerne den Monolog »Siehst du den Regenbogen in der Luft« auswendig. Doch diesmal will ich es besser machen: Ich teste meine Ausstrahlung erst einmal vor »kleinem Publikum«. Als ich nun meiner Freundin Ulla die Tragödie – mit einem Besenstiel in der Hand in Ermangelung eines echten Schwertes – in unserer Küche vorspiele, bricht sie in schallendes Gelächter aus. Wutentbrannt knalle ich ihr eine.

Ich leide als »Jungfrau von Orleans« ungeahnte Schmerzen, und die blöde Kuh lacht! Doch Ulla ist nicht zu bremsen, sie lacht weiter, obwohl sich auf ihrer Wange allmählich meine fünf Finger im schönsten Rot abzeichnen. Schließlich lache ich mit und entschuldige mich bei ihr für die Backpfeife.

Ulla verzeiht mir – so viel Spaß habe sie lange nicht mehr gehabt, meint sie.

Eines Tages wartet Vater beim Abendbrot mit einer großen Überraschung auf. »Mariannchen, du wirst staunen. Ich weiß etwas ...«, spannt er mich auf die Folter.

»Erzähl schon, bitte, bitte«, dränge ich ihn.

»Johannes Heesters kommt für vier Tage nach Dresden, wird in der ›Hochzeitsnacht im Paradies‹ gastieren. Und du darfst mit ins Theater!«

Ich kann mein Glück nicht fassen! Mein größtes Idol, und ich soll es persönlich kennenlernen! Tagelang kann ich nicht schlafen, male mir die

Begegnung mit ihm in den schillerndsten Farben aus.

Dann ist es so weit. Vater fährt mit mir ins Theater. Am ganzen Körper zitternd, sitze ich in einer Garderobe und harre der Dinge, die da kommen. Als ich plötzlich vom Flur her erst Schritte und dann die Stimme meines Vaters und des unverwechselbaren Johannes Heesters höre, wähne ich mich einer Ohnmacht nahe. »Wie heißt denn deine Tochter?«, höre ich ihn fragen und meinen Vater »Marianne« antworten, bevor sich die Tür öffnet. Plötzlich steht der berühmte Holländer vor mir.

Er ist noch nicht vollständig auf den Auftritt vorbereitet, das Frackhemd hängt ihm noch lässig über die Hose. Er legt mir den Arm um die Schulter und stellt mir die berühmte Frage: »Na, Marianne, was möchtest du denn einmal werden?«

»Schauspielerin«, hauche ich und befürchte, im nächsten Moment vom Erdboden abzuheben. Doch alles geht so schnell, dass mir gar keine Zeit bleibt, für eine Weile in das Reich der Träume abzutreten.

Heesters kritzelt auf eine Autogrammkarte »Für Marianne. Herzlichst Johannes Heesters«, drückt sie mir in die Hand, wünscht mir noch alles Gute für mein weiteres Leben und verschwindet. Mein Herz rast noch im Schnellzugtempo, als er schon lange auf der Bühne seiner Arbeit nachgeht.

Ich hüte die Autogrammkarte wie einen Schatz. Sicher wird Heesters im Laufe seines langen Leben viele tausend solcher Karten geschrieben haben. Doch für mich ist diese Begegnung immer etwas Besonderes geblieben. In jener Zeit haben solche Idole noch einen ganz anderen Stellenwert als später, wo dieses ganze Geschäft so schnelllebig wird und immer neue Stars produziert, die dann bald wieder vergessen sind.

Als ich am nächsten Tag überglücklich in der Schule erscheine, sieht der Lehrer mich nur kurz an und sagt dann mit einem Lächeln: »Na, da wollen wir doch heute mal Schule Schule sein lassen. Wir sind alle sehr gespannt. Nun erzähle mal, Marianne, wie war es denn?« Und ich brachte tatsächlich den ganzen Unterrichtstag damit zu, meinen Mitschülerinnen von der Begegnung mit einem der größten Film- und Bühnenstars dieser Zeit zu berichten.

Viele Jahre später sehe ich Johannes Heesters wieder, als er in den siebziger Jahren zu einem Auftritt in der Fernsehshow »Ein Kessel Buntes« in den Friedrichstadtpalast nach Berlin kommt. Vor der Sendung sehe ich ihn vor einer Säule stehen, ganz allein. Ich habe aber nicht den Mut, ihn anzusprechen. Er wird sich nicht erinnern, denke ich. Ich bin doch nur eine von Tausenden von Fans, denen er irgendwann einmal ein Autogramm gegeben hat. Und als Fernsehprofi kenne ich zudem das ungeschriebene Gesetz: Vor einer Sendung stört man keinen Künstler, man lässt ihn allein mit seinen Gedanken. Und so laufe ich nur an Johannes Heesters vorbei und genieße seine Nähe. Während der Vorstellung sitze ich in der ersten Reihe und heule, was das Zeug hält, als er mit seiner unverwechselbaren Stimme singt. Plötzlich ist meine ganze

Jugend wieder da, ich fühle mich zurückversetzt in das Dresden der vierziger Jahre.

Nach der Sendung erzähle ich einer Schlagersängerin meine Geschichte. »So ein Quatsch, du hättest ihn doch ansprechen können. Sicher hätte er sich gefreut«, meint sie nur. Und wenige Tage später berichtet sie mir, dass sie ihn in seiner Garderobe aufgesucht und ihm von mir erzählt hat. »Kiefer, Kiefer …«, habe er immer wiederholt und dabei die Hand gehoben, »lassen sie mich selbst daraufkommen. Hans Kiefer, Marianne Kiefer – seine Tochter! Dresden. Wieso hat sie mich nicht angesprochen?«

Seitdem warte ich sehnsüchtig auf die nächste Gelegenheit. Ich möchte ihn so gern noch einmal sehen, ihn umarmen.

5. Mittendrin im Bombenhagel

1943: Meine Eltern sind in Hamburg engagiert. In den Schulferien kann ich sie endlich besuchen.

Wir wohnen in einer kleinen Pension in der Sedanstraße. Meine Eltern unternehmen jeden Tag etwas mit mir, zeigen mir in ihrer freien Zeit die Sehenswürdigkeiten der Hansestadt. An einem Abend sehen wir uns im Opernhaus die Aufführung des »Zigeunerbarons« an. Mario Parlo singt den »Barinkai«.

Nach der Oper fahren wir durch das friedliche Hamburg mit der U-Bahn nach Hause. Die U-Bahn-Fahrt ist für mich ein großes Erlebnis, denn dazu habe ich ja nur selten Gelegenheit. Erschöpft, aber glücklich falle ich in mein Bett.

Ich muss nur kurz geschlafen haben, als plötzlich die Sirenen losheulen. Ich springe aus dem Bett, werfe mir ein Kleid über und renne mit Pensionsgästen und Personal aus dem Haus. Am Himmel sehe ich schon die »Christbäume«, jene von den Fliegern zur Markierung der Ziele gesetzten Leuchtraketen. Metallteile kommen uns entgegen. Wir laufen um unser Leben und finden schließlich Schutz in einem Bunker.

Drei Tage und drei Nächte ist Hamburg dunkel. Für uns gibt es kein Tageslicht mehr. Als wir uns endlich aus dem Bunker trauen, brennt es ringsum.

Überall steigt Rauch in den Himmel. Das Schlimmste jedoch sind die Leichen, die auf den Straßen und in den Ruinen liegen.

Wenige Tage später suchen wir die Freunde meiner Eltern. Die Ungewissheit zerrt an den Nerven. Wir wollen wissen, ob sie die Bombenhölle überstanden haben. Wie in Trance laufen wir durch die Ruinen, steigen über verkohlte Leichen. Es ist grauenvoll. Wir finden unsere Bekannten nicht.

Meine Eltern entschließen sich, Hamburg zu verlassen. Auf dem Bahnhof zwängen wir uns in einen Zug in Richtung Süden. Wir kommen nur wenige Kilometer weit. Plötzlich hören wir das grausame Geräusch nahender Flugzeuge. Der Zug hält, wir werfen uns unter ihn. So retten wir unser Leben, denn der Zug wird massiv beschossen, und in unseren Abteilen hätten wir keine Chance gehabt.

Doch wir kommen in Dresden an. Als wir am Hauptbahnhof in die Straßenbahn steigen, sehen uns die Dresdner an, als ob wir Gespenster wären. Wir sehen grauenhaft aus: angesengte Haare, verrußte Kleidung. Vater erzählt von unseren Erlebnissen in Hamburg und meint: »Walte Gott, dass so etwas hier in Dresden nicht passiert, ihr dieses Grauen nicht erleben müsst!«

In Dresden glaubt in jener Zeit tatsächlich noch jeder, dass die berühmte Kunststadt verschont bleibt. Jeder hofft, dass der Krieg um die weltberühmten Bauten und Kunstschätze einen weiten Bogen macht.

Doch dieser Krieg macht um keinen und um nichts einen Bogen.

Kurz nach Schulbeginn werden wir von der Schule freigestellt. Wir müssen in Munitionsfabriken arbeiten. Anfangs haben wir nebenbei noch einige Stunden Unterricht, doch bald müssen wir schon früh um sechs Uhr die Arbeit in der ehemaligen »Veritas«-Nähmaschinenfabrik aufnehmen. Ich stehe an einer Fräsmaschine und bearbeite Teile für Maschinengewehre. Was habe ich für eine Wahl!

In den Kriegswirren bekomme ich dann doch noch mein Schulabgangszeugnis.

Ich bin nun seltener allein in unserer Wohnung in Neustadt, denn meine Eltern sind nicht mehr so häufig weg. Mutter bleibt bei mir, Vater moderiert nach dem schrecklichen Erlebnis des Hamburger Bombenangriffs nur noch allein.

Der 13. Februar 1945 wird zu einem der schlimmsten Tage in meinem Leben.

Als die Sirenen in der ganzen Stadt losheulen, laufen wir in den Keller des Nachbarhauses. Zuvor sehen wir von unserer Straße in der Dresdner Neustadt aus die Altstadt brennen – ein Feuermeer, der Himmel ist glutrot. Unentwegt fliegen die Bomber. Nach Stunden verstummen die Sirenen – die Häuser, von denen sie heulten, stehen nicht mehr.

Dresden ist zerstört.

Wir laufen in den nahen Wald, den einzigen Ort, an dem wir uns noch sicher wähnen. Doch das ist ein schrecklicher Irrtum. Die aus Dresden zurückkehrenden Bomber machen eine regelrechte Jagd auf die aus der gequälten Stadt flüchtenden Zivilisten, die sich im Wald verstecken wollen. Sie fliegen im Tiefflug über uns hinweg, feuern Maschinengewehrsalven auf uns. Wehrlose Frauen, Kinder und Greise sind ihre Ziele, auf die sie dann auch noch Phosphorkanister werfen.

Es grenzt an ein Wunder, dass wir diese Hölle überstehen.

Als wir nach Dresden zurückkehren, laufen uns schon die Nachbarn entgegen. »Mein Gott, Familie Kiefer, sie leben!« Doch gleich darauf folgt die Hiobsbotschaft: Unser Haus steht nicht mehr. Vier Menschen haben den Tod gefunden. Sie wurden von den herabstürzenden Treppen erschlagen, als sie sich aus dem zusammenbrechenden Gebäude retten wollten.

Ich vergesse die Bombenhölle von Dresden mein Leben lang nicht – die fürchterlichen Geräusche der Angriffe, das ängstliche Ausharren in den Kellern. Trifft es dich, oder bleibst du verschont? Diesmal ist es gut gegangen, was wird das nächste Mal sein? Zeit meines Lebens kann ich kein Gewitter mehr ertragen. Die Geräusche erinnern mich ständig an jene furchtbare Nacht.

Wir haben nichts mehr. In dieser Zeit großer Not erleben wir die rührende Mitmenschlichkeit unserer Nachbarn. Unser Haus ist in unserer Gegend eines der wenigen, die zerstört wurden. So können wir bei Nachbarn unterkommen, wo wir auf Matratzen schlafen. Und irgendetwas zu essen gibt es auch immer. Später ist es mir unbegreiflich, wie wir diese schwere Zeit eigentlich überstanden haben. Jeder tut, was er kann, und packt mit an. Vater versucht, aus den Trümmern unseres Hauses mit Balken und Ziegeln eine Hütte zu bauen. So schafft er uns einen winzigen Raum zum Leben.

Neues Grauen erleben wir, als die Russen einmarschieren. Ihnen eilt der Ruf voraus, mit den Verlierern nicht gerade zimperlich umzugehen. Wie auch? Nach und nach erfahren wir, was Deutsche in diesem Krieg angerichtet haben. Wir haben Angst, stellen Wachen auf.

Vergewaltigungen sind an der Tagesordnung. Obwohl der Krieg offiziell vorbei ist, wütet er noch immer. Ist ein russischer Soldat im Anmarsch, werden wir Frauen und Mädchen über Klopfen auf Blechbüchsen gewarnt und versuchen uns schnell in den Trümmern zu verstecken.

6. Was die Eltern können, kann die Tochter auch?

In den Trümmern regt sich neues Leben. Artisten und Schauspieler spielen Theater, ermutigt von der russischen Besatzungsmacht. Die Künstler leisten das Bestmögliche, um die Menschen wieder zu erheitern. Auch ich bin dabei und spiele Akkordeon. Besonderen Spaß macht mir das, wenn mein geliebter Papa mich mit einer vielversprechenden Ansage ankündigt.

Eines Tages treffe ich mitten auf der zerbombten Leipziger Straße den ehemaligen Tenor des Centraltheaters, Hans Hansen. Er ist ein Freund meines Vaters. Hansen begrüßt mich herzlich und fragt: »Du, sage mal, kannst du Theater spielen?«

Ich antworte ehrlich: »Das weiß ich nicht, Herr Hansen.«

Doch er meint: »Was der Vater kann, das kann die Tochter auch! Komm morgen zur Probe!«

In dem ehemaligen Kino an der Leipziger Straße üben die restlichen Schauspieler das musikalische Lustspiel »Lisa, benimm dich!«. Die Hauptrolle spielt Manja Behrens, eine junge Schauspielerin, die jedoch schon durch ihre Rollen am Schauspielhaus berühmt ist. Weitere Rollen haben Hans Hansen, Heinz Schlüter und Rudi Schiemann übernommen. Gesucht wird nun noch ein etwa 15-jähriges Mädchen für eine kleinere Rolle. Die ursprüngliche Besetzung ist krank geworden, die Premiere soll am übernächsten Tag stattfinden. Es herrscht daher höchste Not.

Hansen glaubt nun, in mir den idealen Ersatz gefunden zu haben. Er drückt mir ein paar Seiten Text in die Hand und meint kurz und bündig: »Die lernst du jetzt!«

Die halbe Nacht sitze ich und studiere den Text ein. Ich will bei meinem ersten Auftritt keinen Satz, kein Wort vergessen.

Am nächsten Tag werde ich in der Garderobe Manja Behrens vorgestellt. Ich habe Angst vor dieser Begegnung, bekomme Schweißausbrüche Immerhin ist Frau Behrens eine berühmte Schauspielerin, und ich soll nun mit ihr meinen Text durchgehen! Doch Manja Behrens nimmt mir sofort die Angst. Sie begrüßt mich kurz und geht mit mir, noch während sie sich schminkt, den Text durch. Danach fühle ich mich um einiges besser!

Am darauf folgenden Tag muss ich auf die Bühne. Als ich die Bretter betrete, ist mein Lampenfieber wie weggeblasen. Vielleicht ist es tatsächlich so – was die Eltern können, kann die Tochter auch!

Wie mir später erzählt wird, ist die Begeisterung hinter der Bühne groß. Ich muss besser gewesen sein, als allgemein erwartet wurde. Schließlich brechen Hans Hansen und Rudi Schiemann sogar in Streit darüber aus, wer mich wohl entdeckt hat.

»Das ist ein Naturtalent«, meint Hansen immer wieder.

Von diesem Moment an bin ich »dabei«.

Ich bin dem Theater verfallen.

Inzwischen hat sich ganz in der Nähe, in »Watzkes Ballhaus«, ein Operettentheater etabliert.

Ein ehemaliger Komiker des Centraltheaters, Fred Pigsa, hat es ins Leben gerufen. Die Schauspieler haben die Kostüme des ausgebombten Theaters gerettet, holen nach und nach Chor, Ballett und Musiker zusammen und spielen so richtig große Operette. Als Star können sie Mario Parlo gewinnen, den ich zuletzt in Hamburg gesehen hatte.

Nachdem in unserem Boulevardtheater »Lisa, benimm dich!« abgelaufen ist, gibt es vorerst dort für mich keine große Rolle. Ich wechsele also in die Operettenbühne und fange dort als Elevin an.

Meine erste Gage beträgt 80 Mark. Schon ein Brot ist teurer. Ich habe mich im wahrsten Sinne des Wortes einer »brotlosen Kunst« verschrieben.

Ich bin sozusagen der »Lehrling«, lerne mein Handwerk, das Theaterspielen, nun von der Pike auf.

In »Paganini« darf ich einen Satz sprechen, im Weihnachtsmärchen trage ich einen Weihnachtsbaum über die Bühne. Auch das will gelernt sein – nicht jeder kann auf der Bühne laufen. Und einen Weihnachtsbaum richtig über die Bühne tragen, auch das ist eine Kunst.

Ich nehme nun Ballettunterricht. Gertrude Baum-Gründig ist meine Ballettmeisterin. Dann melde ich mich bei Kammersängerin Liesel von Schuch zum Gesangsunterricht an. Ihr Vater Ernst von Schuch war Dirigent am Königlichen Opernhaus in Dresden und führte zum ersten Mal Wagner in Dresden auf. Liesel von Schuch war in ihrer Zeit als Kammersängerin die beste »Königin der Nacht« in Mozarts »Zauberflöte«. Mittlerweile ist sie siebzig Jahre alt, wohnt in einer Siebenzimmerwohnung am Wasaplatz in Dresden. Schon wenn ich das Musikzimmer betrete, erstarre ich jedes Mal vor Ehrfurcht: An den Wänden hängen die persönlichen Widmungen der großen Komponisten Wagner und Verdi an ihren Vater.

Ich werde zu einer Lieblingsschülerin der berühmten Lehrerin. Nicht etwa, weil ich eine so große Stimme habe, sondern aufgrund meines komödiantischen Könnens.

Frau von Schuch verhilft mir auch zu einem erstrangigen, unvergesslichen Opernerlebnis.

Da die Semperoper ausgebombt ist, wird das Kurhaus Bühlau am Weißen Hirsch vorübergehend für Theateraufführungen genutzt. Unglaublich, welche Atmosphäre die Künstler in den einstigen Ballsaal zaubern. Gegeben wird Puccinis »Tosca«; es singen Margarete Teschemacher, Bernd Altenhoff, Joseph Herrmann. Die Staatskapelle spielt unter der Leitung von Joseph Keilberth. Die größten Namen der Opernwelt jener Zeit stehen hier auf der Bühne

Auch im Publikum sieht man Opernprominenz – und ich sitze mit feuchten Händen dazwischen. Neben mir haben Liesel von Schuch und Christel Goltz Platz genommen. Christel Goltz ist eine der größten Opernprimadonnen dieser Zeit.

Das dramatische Geschehen auf der Bühne nimmt seinen Lauf, und ich schluchze gotterbärmlich. Christel

Goltz reicht mir ihr Taschentuch, woraufhin ich noch mehr schluchzen muss. Diesmal jedoch vor Begeisterung. Zum Verständnis für meine jüngeren Leser: Wie mir damals zumute gewesen ist, kann man sich nur dann vorstellen, wenn ein Fan ein halbes Jahrhundert später ein Taschentuch von Madonna oder Michael Jackson gereicht bekommt! Einfach ein Wahnsinnsgefühl.

Schauspielunterricht gibt mir Ida Katter. Sie meint nach einigen Stunden: »Marianne, Sie sind ein Naturtalent! Ich versaue Sie! Gehen Sie ans Theater, halten Sie Augen und Ohren auf, saugen Sie alles in sich auf, was Sie sehen!«

Sie hat Angst, mir meine Natürlichkeit zu nehmen. Schon sehr früh spürt sie, dass mein Talent mehr in Richtung Komödie zielt und ich nie ein Gretchen spielen würde. Sie ist ehrlich und meint, den teuren Unterricht könne ich mir getrost sparen. Erich Ponto, ein großer deutscher Schauspieler, hat einmal gesagt: »Schauspieler kann man eigentlich nicht lernen. Entweder man hat das gewisse Etwas – oder man hat es nicht.«

Ich befolge ihren Rat, sauge das Theater in mich auf. Wo ich lernen kann, lerne ich. Ich trage bald im Märchen nicht mehr nur einen Baum über die Bühne, sondern spiele die Pechmarie. Diese Rolle kommt meinem Talent sehr entgegen!

Auch in Operettenaufführungen darf ich schon bald ein paar Sätze sprechen.

In der Zeit, als ich bei Liesel von Schuch die ersten Gesangserfahrungen sammle, mache ich auch meine ersten Erfahrungen mit der Liebe. Allerdings beschränkt sich das auf Küsse und Händchenhalten – mit zitternden Knien! Ich denke da an Christian, Andreas, Ernst, Alfons – ich könnte die Reihe beliebig fortsetzen. Diese harmlosen Flirts gehören zu den schönsten Erlebnissen in meinem Leben. Zumindest, was die Liebe betrifft! Denn wenn man seine Unschuld tatsächlich verloren hat, ist es mit der Romantik vorbei. Das sind jedenfalls meine Erfahrungen!

1946 wird die Inszenierung von »Hochzeitsnacht im Paradies« angekündigt. Ich hoffe auf die Rolle der Zofe. Das würde endlich ein paar Sätze mehr bedeuten! Als die Besetzungsliste ausgehängt wird, suche ich voller Hoffnung hinter der Rolle der Zofe meinen Namen – und finde ihn dort nicht. Erst bin ich enttäuscht, doch dann entdecke ich meinen Namen doch – weiter oben! Zu meiner größten Überraschung bin ich für die Rolle der Veronika vorgesehen! Die Soubrettenpartie, ich kann es nicht glauben. Es ist ein Traum! Ich bin ja erst 17!

Die Aufführung wird ein großer Erfolg. Die Tanzsoubrette Marianne Kiefer für die Operette ist damit geboren. Zu meiner Premiere trage ich wunderschöne Ballkleider aus dem Fundus des Operettentheaters, doch meine Füße, die in tollen silbernen Tanzschuhen stecken, werden von dicken Militärwollsocken warm gehalten. Das Theater ist ungeheizt! Die Zuschauer lassen sich davon nicht beeindrucken – sie bringen Briketts und Decken mit!

Am 23. Dezember 1946 trifft uns ein harter Schicksalsschlag. Am Nachmittag spiele ich in einem Geschäft in der Leipziger Straße während einer Weihnachtsfeier Akkordeon. Als ich nach Hause komme, läuft mir Mutter mit Tränen in den Augen entgegen. »Ich musste Vater ins Krankenhaus bringen, die Ärzte sagen, er wird die Nacht nicht überleben.«

Ich lasse Mutter stehen und renne los. Vater liegt in der ehemaligen 26. Volksschule, die zum Spital umfunktioniert worden ist. Ich frage nach ihm und werde von einer Krankenschwester in einen kleinen Raum geführt. Doch er ist schon tot. Ich erleide einen Schock. Laut schreiend und weinend laufe ich durch die gespenstische Trümmerlandschaft« nach Hause.

Mein geliebter Vater, wie sehr vermisse ich ihn.

Um den Schmerz zu überwinden, stürze ich mich immer tiefer in die Arbeit.

Die »Hochzeitsnacht im Paradies« wird nun auch en suite gespielt. Für mich als Elevin bedeutet das zwar jeden Tag Praxis, doch ich habe kaum Gelegenheit, Neues zu lernen. Meine Rolle in diesem Stück beherrsche ich von Tag zu Tag perfekter, aber mein Repertoire vergrößert sich nicht. Doch ich will mehr. Also entscheide ich mich, an ein Provinztheater zu gehen. Dort, so weiß ich, gibt es einen raschen Spielplanwechsel. Das Publikum in den kleinen Städten ist nicht so groß, deshalb müssen sich die Ensembles ständig etwas Neues einfallen lassen. Für junge Schauspieler wie mich, die neugierig und lernbegierig sind, ist das die beste Schule.

Eine gute Tanzsoubrette bin ich wohl mittlerweile, jedenfalls werde ich in Köthen sofort als solche engagiert. Meine erste Rolle ist die Stasi in der »Csárdásfürstin« von Kálmán. Dann folgt die Julischka in »Maske in Blau«. Im Laufe meiner Zeit als Tanzsoubrette werde ich insgesamt 30 Partien singen! Neben der Operette haben wir in Köthen aber auch das Schauspiel und die Oper. Hier finde ich eine Menge an Möglichkeiten vor und lerne viel dazu.

Operetten sind beliebt, und an unserem Theater wird alle vierzehn Tage eine neue Inszenierung herausgebracht – später nahezu unglaubliche Leistungen, die von den kleinen Provinzensembles da vollbracht werden! Doch in jener Zeit ist das so üblich – und auch notwendig. Die Menschen wollen nach den langen leidvollen Kriegsjahren wieder fröhlich sein, sie wollen lachen und optimistisch in den Alltag blicken. Sie sind ausgehungert nach etwas Glimmer und Glanz. Das Theater ist deshalb immer sehr gut besucht.

Die Zeit meiner ersten Erfolge ist aber auch eine Zeit des Hungers. Die Lebensmittelrationen sind so knapp, dass ich bei meiner ersten Ballettprobe in Köthen zu »Maske in Blau« vor Hunger ohnmächtig werde!

Doch der Hunger hat für mich, im Gegensatz zu vielen anderen, bald ein Ende. Als Buffopaar, mein Partner ist Enrico Leisner, sind wir bald absolute Publikumslieblinge in der Stadt. Jeder zeigt uns seine

Verehrung auf andere Weise, aber immer sehr liebevoll. Zur Premiere von »Maske in Blau« bekomme ich sogar einen jungen Schäferhund geschenkt. Da ich das Tier in meinem Untermietzimmer nicht halten kann, überlasse ich es Freunden, die einen Garten haben. Ich besuche ihn natürlich und habe immer etwas zum Naschen dabei.

Die Lebensmittel werden uns jetzt direkt auf die Bühne geliefert. Oft erreichen mich aber auch in meinem kleinen Zimmer, das ich zur Untermiete bewohne, kleine Lebensmittelpäckchen mit lieben Grüßen vom Herrn Bäckermeister oder von Frau Fleischermeister. Häufig überlasse ich Günter Simon, der bei uns als jugendlicher Held engagiert ist, meine Lebensmittelkarte – der lange Kerl hat doppelt so viel Hunger wie ich!

Aber auch der eine oder andere Zuschauer steckt uns einen Teil seiner Lebensmittelkarten zu! Mich berührt diese Liebe des Publikums immer wieder sehr, weiß ich doch nur zu genau, wie knapp die Rationen bemessen sind. Es gelingt uns jedoch kaum, diese vom Mund abgesparten Gunstbeweise des Publikums abzulehnen – das wäre einer tiefen Beleidigung gleichgekommen!

Einer meiner größten Fans in Köthen ist der junge Peter Wieland, der als Drogist in der kleinen Stadt arbeitet und mir oft Blumen schickt. Später wird er selbst als Gesangssolist an diesem Theater engagiert. Er behauptet, ich habe in ihm den Wunsch geweckt, ans Theater zu gehen.

7. Neues Spiel, neues Glück

Auch wenn die Zeiten nicht die besten sind – wir Komödianten haben dennoch viel Spaß bei unserer Arbeit. Ich bin sowieso ein »Lachwurzen«, meist fröhlich und gut drauf.

Und so kommt es eines Tages, dass ich das Finale von »Madame Pompadour« schmeiße.

Ich spiele die Zofe, und als solche stehe ich unten auf der Bühne und erwarte Madame Pompadour, die majestätisch die große Treppe herunterkommen soll. Als ich mich ihr zuwende, entdecke ich mit einem Blick, dass in ihrer großen weißen Perücke ein Kleiderbügel hängt. Er muss sich dort wohl auf dem Weg zur Bühne verhakt haben. Wer weiß, wo sie ihn »aufgegabelt« hat!

Ich kann mir das Lachen nicht verkneifen. »Oh«, entfährt es mir, dann verlasse ich herzhaft grinsend die Bühne, obwohl ich dort noch zu tun hätte. Die Darstellerin der Pompadour bekommt von all dem nichts mit. Das Publikum versteht es, sich sehr diskret zu verhalten.

Das Resultat für mich: Ein »Strafzettel« über fünf Mark mit der Begründung: »Kiefer verlacht das Finale!«

So streng sind die Bräuche. Fünf Mark sind damals durchaus eine Menge Geld.

Ich habe die fünf Mark allerdings nie bezahlen müssen …

Zur Jahreswende 1949/50 erkranke ich schwer. Mit einer Lungenentzündung werde ich ins Köthener Krankenhaus eingeliefert – und damit ist meine Karriere in diesem Städtchen beendet, denn meine Partien müssen selbstverständlich alle umbesetzt werden.

Der nächste Ort meiner Laufbahn ist Eisleben, wo ich wieder als Tanzsoubrette engagiert werde. Bald habe ich nahezu alle großen Rollen gespielt. Meine Arbeit in Eisleben dauert kaum ein Jahr, da brennt der Theaterdirektor mit der Theaterkasse durch. Das Theater ist pleite – es wird geschlossen. So einfach ist das damals noch …

Wir sitzen alle auf der Straße. Was tun?

Ich fahre erst einmal zu Mutter nach Dresden. Von dort aus halte ich Ausschau nach neuer Arbeit. Auf die Idee, irgendwo für ein neues Engagement vorzusprechen oder zu singen, komme ich überhaupt nicht. Die Theater führen inzwischen nur Werke aus dem »klassischen Erbe« auf, komplette Operetten dürfen in der DDR kaum noch gezeigt werden. Die Musik wird zwar noch gespielt, die Handlungen aber gelten als unzeitgemäß, da sie ja bekanntermaßen nur so von Grafen, Baronen und Playboys wimmeln. Für Tanzsoubretten gibt es in den Theatern keine Verwendung mehr. Ein Glück für mich, dass ich diese Partien noch singen und spielen darf – wie gesagt, fast 30 an der Zahl!

Ich schließe mich jetzt mit Kollegen zusammen und tingle mit bunten Programmen durch das Land. Meist sind das reine Operettenprogramme, die von

Gastspieldirektionen zusammengestellt und verkauft werden. So schlage ich mich durchs Leben.

Sehr viel Vergnügen bereiten mir dabei die Paul-Lincke-Abende, mit denen ich monatelang durch die Lande ziehe. Der Sohn des Komponisten, Paul Heller-Lincke, moderiert die Veranstaltungen in »feinstem Stil«. Es sind konzertante Abende mit Orchester, das teilweise sogar aus Gewandhausmusikern besteht. Als Gesangssolisten gibt es einen Sopran, einen Tenor, einen Buffo und eine Soubrette. Ich singe auch die komischen Partien wie zum Beispiel »O Theophil«.

Das Komische liegt mir, und ich spüre eine sehr gute Resonanz beim Publikum. Die Leute mögen mich, stelle ich voller Freude fest.

Obwohl ich mit diesen Programmen ständig unterwegs bin und die gesamte DDR bereise, können wir beide, Mutter und ich, von meinem Geld nicht leben. Mutter muss ebenfalls arbeiten gehen. Auf der Bühne will und kann sie ohne Vater nicht auftreten. Ihre einzige Möglichkeit ist, als Verkäuferin mal hier, mal da zu arbeiten. In ihren letzten Lebensjahren steht sie bei der »HO« hinter dem Ladentisch.

1952 lerne ich bei einem Gastspiel einen jungen Sänger kennen – und verliebe mich in ihn. Ich glaube, die große Liebe meines Lebens gefunden zu haben. Als er mich bittet, mit ihm nach Berlin zu ziehen, überlege ich nicht lange. Ich gebe meinen über alles geliebten Beruf auf.

Ich verspreche ihm, in Zukunft nur noch Hausfrau

und Geliebte zu sein. Da ich ihn abgöttisch liebe, sehe ich über vieles hinweg.

Schon drei Jahre später bin ich ohne Mann – und ohne Arbeit. Er verlässt mich. Der Schmerz und die Enttäuschung sind groß. Was nun?

Ich beziehe ein kleines Zimmer zur Untermiete. Und da sitze ich nun – allein in einem möblierten Zimmer in Berlin, fünfter Stock mit Plumpsklo eine Treppe höher, und heule. Ich weiß nicht weiter.

Doch dann raffe ich die mir verbliebene Courage zusammen und gehe bei den Gastspieldirektionen Klinken putzen. Es ist eine schwere Zeit, ich muss eine lange Durststrecke durchstehen. Ab und zu habe ich Glück und bekomme ein klitzekleines Engagement in einem bunten Programm.

Allmählich komme ich mit den Konzert- und Gastspieldirektionen wieder ins Geschäft. Das Ergebnis: immer wieder bunte Abende. Ich trete in Nachtbars auf, wofür ich denkbar ungeeignet bin.

Ich singe meine Lieder vor betrunkenen Barbesuchern und fühle mich völlig fehl am Platz. Frust bestimmt mein Leben.

Auf diese Art komme ich nun durch die ganze DDR. Das zumindest bringen mir jene Jahre. Ich lerne das Land kennen wie meine Westentasche.

Bis in die entlegensten Winkel reise ich, meist mit dem Zug. Über ein Auto verfügt Anfang der 50er Jahre kaum ein Künstler. Oft teile ich also das Zugabteil mit anderen Kollegen. Im Gepäck haben wir außer unserer Bühnengarderobe Bügeleisen, Heizofen und

Tauchsieder. Ich schleppe riesige Koffer mit mir herum, denn die aufwendigen Kleider einer Soubrette benötigen viel Platz. Dennoch – wenn ich auspacke, ist alles hoffnungslos zerknittert. Das Bügeleisen ist also fast lebensnotwendig. Vor jeder Vorstellung stehe ich und bügle stundenlang meine Kleider auf. Ich wage nicht einmal davon zu träumen, dass es dafür in einem Hotel Personal geben könnte.

So geht es Tag für Tag: eine anstrengende Bahnanreise, kalte, ungeheizte Hotelzimmer, klamme Betten, unfreundliches Personal. Und am Abend stehen wir nicht selten in bitterkalten Sälen auf der Bühne.

Das ist schlecht fürs Herz, schlecht fürs Gemüt. Ich mache eine miese Zeit durch. 70 bis 80 Mark Tagesgage, und das nur ein paarmal im Monat. Wenn ich Glück habe, so oft, dass ich mir neben Miete und Fahrtkosten auch mal mit einem neuen Kleidungsstück eine Freude machen kann.

Ich bin nicht der Typ, der »seine Leute« bei den Agenturen hat. Ich habe nichts, was ich zustecken könnte – keinen Westkaffee, keine Nylonstrümpfe, keine Pralinen, keine Westmark.

Die Grenze ist noch offen, und es gibt viele Künstler aus Westberlin, die für die Programme der Konzert- und Gastspieldirektion gern engagiert werden. Denen ist es möglich, sich bei den Mitarbeitern der KGD in Berlin großzügig und erkenntlich zu zeigen. Das Währungsgefälle ist groß. Ich kann mir das nicht leisten. Und Verwandte im Westen, die mir ab und zu etwas zukommen lassen, habe ich auch nicht.

Außerdem sind meine Engagements eher rar, als dass ich mit ihnen große Sprünge machen könnte. Ich muss als Sängerin in die Programme eingebaut werden, und dafür gibt es nicht viele Gelegenheiten.

Freizeit habe ich mehr als genug. Ich spaziere durch Berlin und bleibe oft vor den großen Theatern der Stadt stehen. Vor allem der weltberühmte Friedrichstadtpalast hat es mir angetan. Wie sehr wünsche ich mir, einmal auf dieser großen Bühne zu stehen. Ich weiß, ich kann es! Und wenn es nur einmal im Leben wäre! Der Friedrichstadtpalast – ein Traum, eine Fata Morgana!

Sooft ich kann und es mein immer knapper Geldbeutel erlaubt, knapse ich die paar Mark Fahrgeld ab und besuche Mutter in Dresden. Ich schütte ihr mein Herz aus, hier kann ich hemmungslos heulen. Mutter macht mir immer wieder Mut. Oft bittet sie mich, nach Dresden zurückzukommen, doch ich zögere diese Entscheidung immer noch hinaus. Ich kann nicht glauben, dass es für mich keine Chance geben soll.

Nach vielen Jahren des Tingelns bin ich doch bereit, wieder zu Mutter zu ziehen. Ich suche in Dresden eine Anstellung.

Da ich auf künstlerischem Gebiet keine Arbeit finde, bewerbe ich mich bei einer chemischen Reinigung in der Dampfbügelei. Doch noch bevor ich richtig anfange, dort zu arbeiten, kommt es anders.

Ich sitze mit Mutti gerade beim Frühstücken, als es klingelt. Ein Telegramm wird für mich abgegeben. Nun ist das kein Ereignis, das mich am frühen Morgen in besondere Aufregung versetzen könnte. Es ist schon mehrfach vorgekommen, dass ich per Telegramm für irgendein buntes Unterhaltungsprogramm engagiert wurde. Es wird nichts Wichtiges sein, denke ich mir, wieder irgendeine kleine Partie in einer Nummernfolge.

Doch diesmal haut es mich fast vom Hocker, als ich die Zeilen überfliege: Der Produktionsleiter des Friedrichstadtpalastes, Herr Martens, bietet mir eine Rolle in der Revue »Kleider machen Leute« von Hans Harnisch an.

Mir wird abwechselnd heiß und kalt. Mutter fragt besorgt, ob mir schlecht sei. »Nein, es ist alles in Ordnung«, antworte ich und schaue sie mit glänzenden Augen an. Ich spüre, dass das meine große Chance sein könnte. Das Schicksal hat es noch einmal gut mit mir gemeint.

Nie im Leben hätte ich damit gerechnet. Ich habe mich beim Friedrichstadtpalast weder beworben, noch kenne ich dort jemanden.

Wie ist man bloß auf mich gekommen?

Hans Harnisch hat mich, wie sich später herausstellt, bei irgendeinem Programm während meiner Tingeleien gesehen. Als die Besetzung für die neue Revue gesucht wird, erinnert er sich.

Im Telegramm werde ich nun gebeten, mich umgehend bei der Intendanz zu melden. Ich setze mich in den nächsten Zug nach Berlin.

Am darauffolgenden Tag mache ich mich adrett zurecht und fahre klopfenden Herzens zum Friedrichstadtpalast. Direktor Wolfgang E. Struck empfängt mich sehr liebenswürdig und teilt mir sofort Näheres über die Rolle mit.

Etwas Angst habe ich vor Karl Stäcker, dem musikalischen Leiter des Hauses. Von Kollegen weiß ich, dass er sehr genau ist. Ich bereite mich also sehr gründlich vor und trage wenige Tage später dem Gestrengen eines der Couplets vor.

Schon nach der ersten Zeile unterbricht er mich. Erleichtert stelle ich fest, dass sich auf seinem Gesicht Zufriedenheit abzeichnet.

»Danke! Sie liegen voll drauf!«

Das ist mein erster Sieg im Friedrichstadtpalast!

Wolf Leder und Lieselott Trautmann werden mir vorgestellt. Sie sind für die Kostüme zuständig. Ich bin begeistert, was diese beiden Könner mir auf den Leib zaubern!

Vor der ersten Vorstellung gehe ich allein ins Bühnenhaus. Als ich mich unbeobachtet fühle, küsse ich den Bühnenboden. Sacht streichele ich den Vorhang. Ich kann es noch immer nicht fassen. Endlich darf ich auf dieser Bühne stehen! Es ist ein ungeheures Erlebnis für mich. Ich denke an all die großen Künstler, die diesen Ort adelten: Max Reinhardt, Claire Waldoff, Marlene Dietrich, Ella Fitzgerald, Louis Armstrong, Juliette Greco …

Ein Haus, dessen Bühnenbretter tatsächlich Theatergeschichte geschrieben haben.

Meine erste Premiere in diesem berühmten Revuetheater habe ich am 3. September 1968 – meinem 40. Geburtstag.

Eine Viertelstunde bevor sich der Vorhang öffnen soll, werde ich ins Zimmer des Intendanten gebeten. Ich bin kein Mensch mehr, nur noch ein einziges Nervenbündel.

Direktor Wolfgang E. Struck hat meinen Geburtstag nicht vergessen, er gratuliert mir mit einem riesengroßen Strauß roter Rosen. Mit herzlichen Worten wünscht er mir das Beste. Ich bin wie benommen und kann nicht mehr aufnehmen, was um mich herum alles geschieht. Nur schnell auf die Bühne kommen, alles gut hinter mich bringen, denke ich. Das ist alles, was ich mir jetzt wünsche.

An dem Rosenstrauß entdecke ich später einen Briefumschlag. Ich weiß nicht mehr, ob ich ihn vorher überhaupt wahrgenommen habe oder einfach nicht mehr dazu kam, ihn zu öffnen. Die Glückwunschkarte zu lesen, so werde ich mir vielleicht gedacht haben, hat noch Zeit bis nach der Vorstellung.

Das zweite Klingelzeichen ist bereits ertönt, ich muss auf die Bühne. Schnell drücke ich den herrlichen Rosenstrauß jemandem in die Hand mit der Bitte, ihn in meiner Garderobe ins Wasser zu stellen.

Ich komme kaum zur Besinnung, da stehe ich schon mitten auf der Bühne, singe und tanze. Das Publikum mag mich vom ersten Moment an, das spüre ich. Von Minute zu Minute geht es mir besser, fallen Angst und Beklemmung von mir ab. Die Premiere wird ein voller Erfolg.

Als ich völlig erschöpft von der Vorstellung in der Garderobe sitze und glücklich den herrlichen Rosenstrauß betrachte, fällt mein Blick auf den Umschlag. Endlich komme ich dazu, ihn zu öffnen.

Ich kann kaum fassen, was ich da lese: Das ist kein Glückwunschschreiben – das ist ein Vertrag. Der Vertrag für die nächste Revue!

Ich bin glücklich, genieße die Premierenfeier im Foyer des Hauses in vollen Zügen. Welch ein unbeschreibliches Gefühl, endlich dazuzugehören. Ich schwebe auf Wolke sieben. Endlich habe ich das gefunden, wonach ich mich so lange Zeit in meinem Leben sehnte: Ich darf tragende Rollen spielen! Und ich kann es!

Später wirke ich auch in den Kinderrevuen mit »Clown Ferdinand« mit. Er ist bis in die 80er Jahre hinein der unumstrittene Liebling der Kinder. Über viele Jahre hinweg begeistert er mit mehreren Kinderrevuen im Jahr die kleinen Zuschauer des Friedrichstadtpalastes, gehören seine witzigen TV-Filme zu den absoluten Rennern.

Bei solch einer Kinderrevue sitzen 3000 Kinder im Zuschauerraum – eine große Herausforderung. Kinder sind ein wunderbares, ehrliches Publikum. Es macht mir große Freude.

Im »Palast« stehe ich auch wieder mit Peter Wieland auf der Bühne. Ich bin die Wirtin im »Weißen Rössl«. Peter singt im Duett mit Bianca Cavalini. Sie wird leider mitten in der Spielzeit heiser. Ersatz ist nicht in Sicht.

Kurz vor der nächsten Vorstellung ruft mich Wolfgang E. Struck zu sich. Er fällt sofort mit der Tür ins

Haus. »Kannst du ›Es muss was Wunderbares sein‹ singen? Wir müssen das Duett retten!«

Ich habe das noch nie gesungen, nur oft gehört. Doch ich sage zu und merke, dass dem Direktor ein Stein vom Herzen fällt.

Mit großem Herzklopfen singe ich – ohne vorher probieren zu können – mit Peter Wieland das Duett. Alles läuft wunderbar. Als ich nach der Vorstellung völlig erschöpft in die Garderobe komme, steht dort eine große Flasche Sekt. Es steckt eine Karte daran: »Danke! Dein Direktor Wolfgang E. Struck.«

Insgesamt stehe ich im »alten« Friedrichstadtpalast in zwölf Produktionen auf der Bühne. Dafür bekomme ich die »Goldene Ehrennadel« des Hauses verliehen. Ich bin sehr stolz darauf, denn diese Auszeichnung ist für mich die ehrenvollste, die ich je bekommen habe.

Als der alte Friedrichstadtpalast in den 80er Jahren abgerissen werden muss, habe ich das Gefühl, es stirbt ein Teil von mir.

Es ist erschütternd.

Zum neuen Haus bekomme ich später nie dieses innige Verhältnis. Ich habe dort zwar Filmaufnahmen mit Katja Ebstein und Heinz Rennhack, wirke aber in keiner einzigen Revue mehr mit. Die Zeiten haben sich geändert: Heute haben Revuen keine Wortbeiträge mehr, es sind reine Tanz- und Gesangsshows.

8. The show must go on!

Es dauert nach meinem Erfolg im Palast nicht lange, da meldet sich das Fernsehen. Günter Stahnke produziert die TV-Revue »Schwarz-Weiße mit Schuss«. Wenig später spiele ich in einem Schwank mit Rolf Herricht und Gerd E. Schäfer.

Ich habe jetzt viel zu tun. Doch lange genug hatte ich ein unsicheres Leben, deshalb denke ich, sicher ist sicher, und mache ein neues Programm mit der Konzert- und Gastspieldirektion.

Natürlich gibt es nun für mich bessere Konditionen, ich muss nicht mehr für »'nen Appel und 'n Ei« auf die Bühne. Ich bin ja keine Unbekannte mehr.

Das Fernsehen schlägt schließlich derart zu, dass ich nicht mehr zum Umherreisen komme. Ich drehe einen Schwank nach dem anderen. Insgesamt spiele ich in meinen 25 Jahren beim DDR-Fernsehen in über 40 Schwänken und wirke in mehr als 40 Shows mit. Es gibt fast keine Unterhaltungssendung mehr, bei der ich nicht mit von der Partie bin. Ich moderiere allein fünfmal den »Kessel Buntes«.

In dieser erfolgreichen Zeit trifft mich ein harter Schicksalsschlag.

Ich bekomme einen Anruf, dass es meiner Mutter sehr schlecht geht. Ich soll sofort nach Dresden kommen. Dort finde ich meine geliebte Mutti schon in einem sehr schlechten Zustand vor. Als hätte sie auf mich gewartet …

In meinen Armen stirbt sie.

Unten, vor dem Haus, wartet das Auto. Am Abend habe ich Vorstellung.

Ich kann gerade noch das Notwendigste veranlassen, dann muss ich zurück nach Berlin.

Am Abend stehe ich auf der Bühne Schminke, Puder, Kostüm – Späße machen. Es ist grauenvoll.

»The show must go on!«

Ich habe keine Zeit, mit meiner Trauer fertigzuwerden. Ich verdränge alles. Doch das schafft keiner …

Im Innern bin ich leer, doch nach außen bleibe ich die beim Publikum beliebte, lustige Marianne Kiefer.

Ich trete in Rainer Süß' populärer Show »Da liegt Musike drin« auf, die im Leipziger »Haus der Heiteren Muse« aufgezeichnet wird. Auch hier lerne ich viele nette Kollegen kennen, unter anderem Professor Egon Morbitzer, aber auch internationale Stars wie Adamo, Katja Ebstein, Udo Jürgens, Vicky Leandros, Mary Roos und und und …

Viel Spaß habe ich an der Arbeit mit dem tschechischen Sänger Jiří Korn. Anfang der 70er Jahre landet er mit »Ich suche Yvetta« einen Riesenhit. Jeder will nun wissen, wer die »Yvetta« ist.

Das Team von »Da liegt Musike drin« lässt sich deshalb einen Gag einfallen: Am Anfang einer Show habe ich wie zufällig ins Geschehen zu platzen. Auf Rainer Süß' Frage »Was wollen Sie denn hier?«, antworte ich: »Na, ich bin doch die Yvetta!« Gesucht und gefunden. Das Publikum johlt. Die Begeisterung ist nicht mehr zu bremsen, als ich im Finale mit Jiří den Hit im Duett singe.

Auf der Bühne himmele ich »meinen Jiří« an, doch im wahren Leben finde ich den »Mann meines Lebens« nicht. Die, die ich hätte haben wollen, sind immer gebunden. Und die, die mich wollten …

Dabei liebe ich die Liebe – und die Männer.

Liebe ist etwas Wunderschönes, Verliebtsein ist herrlich. Man verblödet so wunderbar dabei.

Doch wie viele Frauen meines Alters lebe ich allein – dabei sehne ich mich nach einer starken Schulter zum Anlehnen. Zum Glück habe ich meinen Beruf, in dem ich mich ganz und gar entfalten kann. Auf der Bühne kann ich meinen Gefühlen freien Lauf lassen.

Oft spüre ich die Verehrung der Männer. Auch heute gibt es noch Männer, die sich in mich verlieben. Ich merke das, manch einer sagt's mir auch.

Doch mehr wird nicht daraus.

Ein gebranntes Kind scheut bekanntlich das Feuer.

9. Tolle Nummern

Von den zahlreichen Schwänken, in denen ich auf der Bühne gestanden habe, wachsen mir zwei besonders ans Herz: »Drei reizende Schwestern« und »Maxe Baumann«.

Beide Reihen werden von Götz Jäger geschrieben – uns direkt »auf den Leib«. Für jeden Schauspieler ist das das höchste der Gefühle! Maxe Baumann ist Gerd E. Schäfer. Eine Superrolle für einen Erzkomödianten, in der er einfach wundervoll ist. Zum Knuddeln. Ich selbst bin Paula Zipfel – auch für mich eine Traumrolle.

Dann folgen die »Drei reizenden Schwestern«: Ingeborg Krabbe, Helga Göring und ich.

So verschieden die Charaktere auch konzipiert sind, passen wir doch alle drei gegenseitig wie »die Faust aufs Auge«.

Außer der Grundbesetzung haben wir immer Gäste aus der »ernsten Dramatik«. Das ist für Schauspieler wie Zuschauer ein großer Spaß, denn die Darsteller können sich einmal von einer ganz anderen, ungewohnten Seite zeigen. Die Gäste können zudem in verschiedenen Rollen ihrer Wahl glänzen. Eine tolle Aufgabe für jeden Schauspieler!

Und sie glänzen: Gisela May, Ursula Karusseit, Otto Mellies, Marianne Wünscher und Peter Borgelt.

Ständiger Gast in unserer »Familie« ist Paul Arenkens vom Berliner »Metropol«-Theater – ein Könner in seinem Fach und ein äußerst liebenswerter Kollege.

Sieben Jahre lang spielen wir uns als »Drei reizende Schwestern« in die Herzen der Zuschauer. Manche glauben mit der Zeit offenbar tatsächlich, wir seien Schwestern. Es ist gar nicht selten, dass ich Autogrammwünsche bekomme mit der durchaus ernst gemeinten Bemerkung: »Grüßen Sie Ihre Schwestern! Wir möchten auch von ihnen ein Autogramm!«

Man sagt ja immer, Frauen untereinander seien neidisch.

Wir drei »Schwestern« beweisen das Gegenteil. Ingeborg, Helga und ich achten uns. Wir kennen uns gut, teilen Freud und Leid miteinander, auch über die Arbeit hinaus im Privaten.

Wenn es während der Proben oder Aufnahmen Meinungsverschiedenheiten gibt, diskutieren wir sie aus. Es wäre gelogen, zu behaupten, bei uns sei alles eitel Sonnenschein.

Wir streiten uns, liegen uns aber bald wieder in den Armen. Wir drei haben eine herzliche Zuneigung zueinander. Und unsere Gäste aus der ernsten Dramatik sind begeistert, denn auch ihnen begegnen wir mit unserer vollen Herzlichkeit. Sie sind alle großartig!

Bei den Premierenfeiern führen wir den Brauch ein, mit unserem Stargast an einem Tisch zu sitzen. Mit Gisela May einigen wir uns darauf, dass jeder von uns eine Liebesgeschichte aus seinem Leben erzählt. Als ich dran bin, dauert es keine fünf Minuten, da lacht der ganze Tisch. Dabei habe ich mich damals fast totgeheult vor lauter Kummer!

Die »Schwestern« werden in Berlin geprobt, aber dann in Kulturhäusern in Zinnowitz, Buna und Bitterfeld aufgezeichnet.

Berlin ist nicht in der Lage, uns ein Schwank-Theater hinzustellen. Viele von uns kämpfen lange darum, aber nie wird dieser große Wunsch erfüllt. So haben wir immer gleich vor der Kamera »Premiere« und können die Stücke nie vor einem Publikum ausprobieren.

In dem Teil »Eine alte Fregatte« spielt eine Schlange eine Hauptrolle. Lange vor Beginn der Proben fragt man mich, ob ich mit einer echten Schlange auftreten würde oder lieber eine Attrappe hätte. Natürlich schreie ich sofort: »Na, nur mit 'ner echten!« Ich überlege nicht, was ich da eben von mir gebe, denn ich bin in freudiger Urlaubsstimmung, sitze sozusagen schon auf gepackten Koffern.

Dass ich Angst vor Schlangen habe, vergesse ich offenbar in meiner Euphorie. Ich bin zwar sehr tierlieb – doch vor Schlangen, Spinnen und Ratten habe ich einen echten Horror.

Irgendwann ist der Urlaub vorüber.

Als ich wieder in Berlin bin, finde ich in meiner Post den Vertrag: »Frau Kiefer verpflichtet sich, mit einem lebenden Reptil aufzutreten«, steht da.

Mir wird leicht übel. Das klingt ja nun doch anders als die simple Frage: »Trittst du mit 'ner Schlange auf?«

Aber ich habe nun einmal zugesagt, also muss ich die Sache auch zu Ende bringen. Mit gemischten Gefühlen stürze ich mich ins Abenteuer.

Ich fahre in die Wohnung der Dompteuse und

entdecke dort mitten im Zimmer ein großes Terrarium.

Da liegen die »Tierchen« drin, fünf oder sechs Stück. Sie sind eben gefüttert worden, liegen richtig träge herum.

»Erzähle mir nicht so viel, leg mir gleich eine um«, unterbreche ich die junge Dompteuse, die mir ihre Tiere und deren Verhaltensweise erklären will.

Ich nehme all meinen Mut zusammen und stelle mich breitbeinig und mit ausgestreckten Armen auf.

Die Dompteuse legt mir einen drei Meter langen Tiger-Python um den Hals. Ich bin 1,54 Meter groß! Stelle man sich das einmal vor: Die Schlange ist doppelt so lang wie ich, und sie ist schwer. Sie ist zwar träge, kriecht jedoch langsam an mir herum. Das Schlimmste ist ihr Kopf, der mich langsam »erforscht«. Ein Glück, dass sie satt ist, denke ich, während sie sich um meine Beine schlängelt. Mit Grauen denke ich daran, dass diese Schlangen ihre wehrlosen Opfer mit ihren immensen Körperkräften erwürgen können.

Starr halte ich stand. Gottergeben!

»Odettchen«, wie die große, schwere Schlange heißt, ist auch bei den Proben immer dabei.

Ihr »Frauchen« gibt sich die allergrößte Mühe, mich auf den Auftritt vorzubereiten. Sie gibt mir wertvolle Hinweise: »Du darfst keine feuchten Hände haben, das Tier darf keine Aufregung spüren!« Das, so erklärt sie mir, übertrage sich auf die nervliche Anspannung des Tieres.

Gut gesagt, denke ich mir, doch bei Premieren habe ich immer feuchte Hände …

Als sie mir das Tier vor der ersten Vorstellung umlegt, steht ein Bühnenarbeiter neben uns, ein Schrank von einem Mann. Er sieht mich ungläubig an. Nach einer Weile meint er: »Alle Achtung. Ich könnte das nicht.« Ich lese Bewunderung in seinen Augen. Ich fühle mich wie eine Heldin!

Trotzdem betrete ich die Bühne wie besinnungslos, nachdem ich mich von meinem Kollegen mit dem Satz verabschiedet habe: »Guckt mich noch einmal an, jetzt bin ick 'ne Null, vielleicht seht ihr mich als Achte wieda!«

Pythons drücken nämlich, und zwar so lange, bis man keinen Mucks mehr von sich gibt.

Die Wirkung auf das Publikum ist ungeheuer. Schreie, Gekreische, rasender Applaus. Einmal in meinem Leben bin ich der Star des Tages!

Ich bin dennoch heilfroh, als ich das Tier nach getaner Arbeit wieder abgenommen bekomme und die Dompteuse es sachte in den Korb zurückgleiten lässt.

Wenig später wird mir vorgeschlagen, in der »Nacht der Prominenten« mit einer Schlange aufzutreten, sozusagen die Nummer mehr oder weniger zu wiederholen. Diese Idee finde ich nun aber gar nicht so gut. Und schließlich kennt mich das Publikum bereits mit 'nem Python um den Hals.

Ich lehne also ab.

Kurz darauf erhalte ich ein weiteres tierisches Angebot: eine Haustier-Revue im Zirkus Probst.

Ich muss nicht lange überlegen. »Das passt zu mir«, meine ich, als ich die Nummer mit Maike Probst, der

Tochter des Zirkusdirektors, sehe. Sie bietet eine hervorragende Dressurleistung, die auch beim Zirkusfestival in Monaco ein großer Erfolg wird.

Als ich Rudolf Probst, dem Direktor, nach der Aufführung in seinem Zirkuswagen vorgestellt werde, spüre ich seine Abneigung sofort. Er kennt mich nicht und ist prinzipiell dagegen, dass Schauspieler und Sänger »seine Tiere« vorführen. Um der etwas angespannten Situation ein Ende zu bereiten, rede ich nicht lange um den heißen Brei. »Weeßte wat«, sage ich zu ihm, »wir kommen am besten gleich zur Sache. Allet andere hat ja nicht viel Sinn. Gibst de mir nu di Sau oder nich?«

Er schaut mir in die Augen, lächelt – und stimmt zu. Ich habe vor jeder artistischen Leistung Hochachtung – und das spürt er. Wir verstehen uns.

Als ich mir die Nummer noch einmal ansehe, werden mir rasch die Schwierigkeiten der Darbietung bewusst. Ich muss Schweine durch die Arena dirigieren, ihnen kleine Kunststücke abverlangen, Bock »Mäckie« soll mir auf die Schulter springen – all das wird nicht ganz einfach sein. Wenn das Schwein mich lässt und der Bock mich bespringt, wird es eine gute Nummer, denke ich. Als mir dieser Satz wenig später vor Kollegen rausrutscht, lachen die sich fast kaputt …

Vierzehn Tage habe ich Zeit, die Nummer einzustudieren. Ein Kraftakt im wahrsten Sinne des Wortes. Fast dreißig Tiere haben in der Darbietung ihren Auftritt, darunter ein Esel, Äffchen, Ziegen, eine Kuh und zwei Schweine. Die meisten Unannehmlichkeiten bereitet mir, wie vermutet, Mäckie, der Ziegenbock. Er springt mir von hinten auf die Schulter, und das Ganze bringt mir allerhand blaue Flecken ein – trotz Wattejacke und dicker Bandage.

Es ist schwer, mit einem Ziegenbock auf der Schulter aus der Hocke in den Stand zu kommen! Und als ich bei der Probe Schwein Theo ein Stück Würfelzucker zur Belohnung reiche, zwackt er mich unbeabsichtigt in den Daumen. Es blutet sehr, obwohl die Wunde nicht sehr groß ist. Sofort werde ich in die Poliklinik gefahren, wo ich eine Tetanusspritze verpasst bekomme.

Ich mühe mich beim Einstudieren der Nummer sehr ab. Davon ist während der Vorstellung nichts mehr zu sehen. Hinter allem, was später auf der Bühne, der Leinwand oder eben in der Zirkusarena so einfach aussieht, stecken viele Stunden schweißtreibender Arbeit.

Für meine Darbietung ernte ich bei der »Nacht der Prominenten« tosenden Beifall. Kurz danach erreicht mich ein Schreiben des Zirkusdirektors Rudolf Probst. Er bedankt sich für unsere Zusammenarbeit mit den Worten: »Es ist mir ein Bedürfnis, Sie wissen zu lassen, wie sehr mir Ihr Auftritt in der ›Nacht der Prominenten‹ Freude bereitet hat. Als alter Zirkusmann kann ich schon abschätzen, dass das für Sie keine leichte Sache war. Es war eine Bombe, wie Sie die Dressur vorgeführt haben.«

Diesen Brief empfinde ich als echte Auszeichnung. Er war die Mühe und die blauen Flecke wert.

Einen weiteren Effekt hat die Sache außerdem: Nie wieder benutze ich seitdem die Ausdrücke »blöde Ziege« oder »dummes Schwein«. Man sagt das oft in Rage – aber die armen Tiere haben es gar nicht verdient, mit manch unangenehmen Menschen verglichen zu werden. Sie sind weder dumm noch blöd. Ich liebe sie. Sie haben sich mir gegenüber äußerst fair verhalten – was ich von einigen Menschen nicht sagen kann.

10. Wende gut, alles gut?

Nach fast zwanzig Jahren Arbeit beim Fernsehen werde ich in das feste Schauspielerensemble des Senders aufgenommen. Das ist für mich eine große Freude, endlich habe ich eine künstlerische Heimat gefunden.

Zweimal bekomme ich für meine Arbeit den »Silbernen Lorbeer« verliehen, an meinem 60. Geburtstag erhalte ich den »Goldenen«.

Ich mache alles gern, ob nun solche Shows wie »Ein Kessel Buntes« und »Da liegt Musike drin«, Volksmusiksendungen wie den »Oberhofer Bauernmarkt« oder die Wissenschaftssendung »Aha!«.

Natürlich habe ich durch meine ungeheure Popularität Privilegien – sie bestehen darin, dass mich mein Publikum liebt. Ich erhalte die sogenannten Privilegien nicht von staatlicher Seite zugeteilt – das Publikum »verleiht« sie mir. Unter anderem dadurch, dass man mir beim Schlangestehen nach Tomaten, Gurken oder Erdbeeren den Vorrang gibt. »Ach, da ist doch unsere Marianne«, höre ich oft von den Leuten in der Schlange an irgendeiner Kasse, »lasst die doch mal nach vorne!«

Das sind Verehrung und Popularität, die wohltun.

Im Herbst 1989 proben wir in den Räumen am Hackeschen Markt für unser nächstes Lustspiel »Drei reizende Schwestern«. Diesmal ist unser Stargast Peter Borgelt, der vor allem als »Polizeiruf 110«-Kommissar den Fernsehzuschauern bekannt ist. Im Gegensatz zu dieser Rolle darf er bei uns ein Hochstapler sein, der meiner »Schwester« Ingeborg Krabbe gehörig den Kopf verdreht.

Während dieser anstrengenden Probezeit verfolge ich das politische Geschehen im Land mehr am Rande – durch Fernsehen, Rundfunk und Presse. Nach meist mehr als zehn Stunden Arbeit sitze ich völlig geschafft in meiner kleinen Wohnung und erlebe die Maueröffnung und Wiedervereinigung per Bildschirm. Auch wenn ich nicht hautnah dabei sein kann, bin ich doch sehr gerührt. Ich kann es kaum fassen. Was man sich selbst in seinen kühnsten Träumen kaum ersehnt hatte, wird Wirklichkeit. Mit Tränen in den Augen sehe ich die Bilder von der Maueröffnung. Ein unbeschreibliches Gefühl.

Eine gewaltlose Abschaffung der Diktatur – wann hat es das schon einmal gegeben?

Darauf kann unser Volk stolz sein!

Doch bald folgt die Ernüchterung.

In Adlershof ziehen die neuen Chefs ein. Während unserer Kameraproben stören einige Herren laut diskutierend unsere Arbeit. Sie sehen, dass eine Kamera läuft, und halten es nicht einmal für nötig, sich für die von ihnen ausgehende Störung zu entschuldigen. »Ich bitte um Ruhe, wir sind beim Arbeiten«, rufe ich schließlich verärgert. Die Herren ziehen ab.

Doch ihre Arbeit verrichten sie gründlich. Ich komme nicht allzu lange in den Genuss eines festen

Vertragsverhältnisses beim Fernsehen. Dem Ende der DDR folgt bald, wie vorauszusehen war, das Aus für das Fernsehen der DDR, das sich noch eilig in »Deutscher Fernsehfunk« rückbenannt hat.

Es hilft alles nichts. Das Schauspielerensemble wird aufgelöst.

Um mich herum läuft nun die »Abwicklung«. Welch ein scheußliches Wort!

Schließlich werden auch wir »Rentner« des Schauspielerensembles zusammengerufen. Uns wird nahegelegt, selbst zu kündigen, damit für die Jüngeren die Arbeitsplätze erhalten bleiben.

Welch ein Hohn, denn auch die Jüngeren erhalten zu gleicher Zeit ihre Kündigungen. Das Schauspielerensemble wird komplett aufgelöst. Es gibt keine Ausnahme, keinen Rest, der bleibt.

In unserer »Rentnerrunde« sitzen die Stars des DFF, die Publikumsmagneten: Gerd E. Schäfer, Ingeborg Krabbe, Helga Göring, Hans-Joachim Preil, Irma Münch, Margot Ebert, Bruno Carstens und viele andere.

Keiner von uns kündigt – zumindest weiß ich es von keinem. Da wir Rentner sind, bekommen wir auch keine Abfindung. Die Entlassung kommt wenig später schriftlich ins Haus. Mit freundlichen Grüßen von Herrn Mühlfenzl. Na ja.

Für mich bedeutet das: nicht mehr auf der Bühne stehen, das Publikum nicht mehr hautnah spüren dürfen, nicht mehr in der Gemeinschaft mit Kollegen sein. Aus.

Mein Beruf ist mein Leben, und nun hat man mir meinen Lebensfaden durchschnitten. Wohin soll ich mich wenden? An wen? Das Fernsehen der DDR hatte schließlich eine begrenzte Reichweite, im Westen bin ich daher nur ein unbekanntes Etwas für die Manager und Produzenten.

In der DDR brauchte ich weder eine Agentur noch Manager, denn ich lief, wie der Berliner sagt, wie »een Klosettdeckel zur Pflaumenzeit«. Mich anzubieten, bin ich nicht gewohnt. Ich versuche es nun zeitweilig, aber ich bin nicht bekannt genug. Und man gibt sich auch keine Mühe, mich kennenzulernen.

Und so bleibe ich arbeitslos.

Der berühmte Satz »Ärmel hochkrempeln und ran!« kommt mir wie Hohn vor. Die Ärmel habe ich hochgekrempelt – aber wo soll ich »ran«?

Millionen ehemaligen DDR-Bürgern geht es genauso. Wende gut – alles gut? Für mich und die meisten anderen trifft das erst einmal nicht zu.

Wie ich anderthalb Jahre ohne meine geliebte Arbeit überstehe, kann ich später nicht mehr nachvollziehen. Oft telefoniere ich in dieser Zeit mit meiner Freundin Ingeborg Krabbe. Auch sie ist rat- und hilflos, weiß nicht so recht, wo sie ansetzen soll. Wir tragen beide das gleiche Los, haben die gleichen Gefühle.

Da Helga Göring, die dritte unserer »reizenden Schwestern«, in unmittelbarer Nachbarschaft wohnt, tausche ich auch oft mit ihr ein paar Gedanken über unsere missliche Lage aus. Sich mitteilen zu können ist in dieser Zeit sehr wichtig.

Eine Hoffnung bleibt: Wenigstens die Fans haben uns nicht vergessen. Ständig werde ich angesprochen. Menschen, die ebenso wie ich plötzlich ohne Arbeit dastehen, suchen bei mir Rat und Hilfe. Mit meiner Person verbinden sie viele schöne Erlebnisse und fröhliche Stunden am Bildschirm. Jetzt glauben sie, dass ich ihnen auch weiterhin Optimismus vermitteln kann.

Doch mir geht es selbst nicht anders. Wie kann ich ihnen helfen, wenn ich selbst fast am Ende bin? Ich kann nur antworten, dass ich ebenfalls arbeitslos bin. »Ich kann Ihnen nicht sagen, wann Sie mich wieder auf dem Bildschirm sehen können«, antworte ich auf immer die gleiche Frage: »Wann erleben wir Sie wieder im Fernsehen?«

Besonders nahe geht mir die Hoffnungslosigkeit vieler Menschen. »Was nutzt uns all die neue Freiheit, wenn wir kein Geld haben«, höre ich oft.

Dennoch bleibe ich guten Mutes, denn so etwas wie mich kann man ja nicht einfach rumstehen lassen.

11. Das Telefon steht nicht mehr still

Im Frühjahr 1992 klingelt das Telefon. Die Redaktion »Boulevard Bio« bietet mir an, als Talk-Gast bei Alfred Biolek mitzuwirken.

Ich glaube, ich träume.

Wie ich kurz darauf erfahre, werde ich als Publikumsliebling des ehemaligen DDR-Fernsehens eingeladen. Die Sendung soll unter dem Motto stehen: »Was ist aus ihnen geworden?«

Weitere Talk-Gäste bei Bio sind in dieser Ausgabe seines »Boulevard« der ehemalige Vizekanzler der Bundesrepublik, Erich Mende, der erste Wirt des »Blauen Bocks«, Otto Höpfner, und der ehemalige Barschel-Referent Rainer Pfeiffer.

Ich freue mich darauf und mache mir noch gar keine Gedanken, wie ich überhaupt nach Köln komme. Da ruft eines Tages die Aufnahmeleitung an und bittet mich, meine Wünsche betreffs des Fluges zu äußern.

»Betreffs des ...«, stammele ich ins Telefon, »ja, da ... ich weiß nicht so recht.« Ich muss erst einmal schlucken. Ich soll also fliegen. Noch nie in meinem Leben habe ich ein Flugzeug betreten.

Wohlgemerkt: Aus purer Angst habe ich immer einen großen Bogen um das Fliegen gemacht. Ich wollte das gar nicht erst ausprobieren. In der kleinen DDR war das auch gar nicht so schwierig. Aber jetzt, in dem größer gewordenen Deutschland, kommt man eben nicht mehr in so kurzer Zeit mit der Bahn durchs halbe Land.

»Mit welcher Linie wollen Sie denn fliegen?«, holt mich die angenehme Stimme der Sekretärin zurück in die Realität. Ich habe gar keine Ahnung, dass es da mehrere Linien gibt, und erst recht nicht, welche. Diplomatisch ziehe ich mich aus der Affäre: »Ich überlasse das Ihnen. Ich lege mein Schicksal in Ihre Hände. Sie werden schon das Beste für mich heraussuchen. Da bin ich mir ganz sicher! Ich bin überzeugt, dass ich wohlbehalten in Köln ankommet!«

Und ich komme wohlbehalten in Köln an! Im Flugzeug habe ich versucht, mich so zu benehmen, als sei ich zeit meines Lebens nichts anderes gewohnt, als zu fliegen. Immer allerdings mit dem Hintergedanken: »Hauptsache, mir wird nicht schlecht!«

Das wird es mir nicht. Im Gegenteil! Mir wird immer wohliger, je höher wir kommen. Als wir über den Wolken sind, habe ich im wahrsten Sinne des Wortes das Gefühl, im Himmel zu sein!

Am Kölner Flughafen werde ich überaus freundlich von der Aufnahmeleitung empfangen und ins Hotel gefahren. Vom Hotelzimmer aus sehe ich den Dom. Ohne den Mantel erst auszuziehen, begebe ich mich auf dem schnellsten Weg zu diesem beeindruckenden Gebäude. Das kann ich mir nicht entgehen lassen!

Als ich in diesem Ehrfurcht gebietenden Bauwerk stehe, flüstere ich vor mich hin: »Lieber Gott, hilf mir heute Abend! Lass bei der Sendung alles gutgehen! Dann komm ick och wieder in deinen Dom!«

Mein Gebet hilft.

Es wird eine gute, für mich fruchtbringende Sendung. Auch dank Alfred Biolek – eine großartige Persönlichkeit: klug, humorvoll, taktvoll und liebenswürdig.

Erst fünfzehn Minuten vor der Sendung lerne ich ihn persönlich kennen. Wir drücken uns die Hand und wechseln ein paar Worte. Ohne Absprachen starten wir die Sendung. Ich möchte nicht vorher festlegen, worüber wir sprechen werden. Wir haben uns viel zu sagen, da bin ich mir sicher!

Bio stellt mich als bekannten Ost-Star vor. Nachdem wir uns angeregt über meine einstigen Erfolge unterhalten haben, fragt er mich: »Was machen Sie jetzt, Frau Kiefer?«

Ich antworte, ohne zu überlegen: »Nichts!« Bio ist einen Moment lang sprachlos. Das haut selbst ihn vom Stuhl.

»Wissen Sie, liebe Frau Kiefer«, meint er nach einer Weile, »da sitzt eine Frau, eine Künstlerin, und antwortet auf meine Frage, was sie zur Zeit mache, einfach mit ›Nichts‹. Wenn Sie wüssten, wie viele Leute auf diesem Stuhl saßen, von denen ich genau wusste, dass sie nichts zu tun haben, und die es dennoch nicht zugaben? Alle Achtung!«

Bio bleibt mir treu und holt mich für seine Sendung »Lieben Sie Potsdam« wenig später nach Babelsberg. Auch dort stellt er mir wieder eine brisante Frage: »Haben Sie eine Stasi-Akte?«

Ich bin sprachlos. Damit habe ich nun überhaupt nicht gerechnet.

»Man hat mir noch keine angeboten«, antworte ich ihm.

Das Publikum applaudiert begeistert. In der Masse entdecke ich Brandenburgs Ministerpräsident Manfred Stolpe. Auch er klatscht eifrig in die Hände. Und ihm darf ich während der Sendung sogar noch einen Kuss auf die Wange drücken!

Auch zu seinem 60. Geburtstag denkt Bio an mich. Er lädt mich ein. Ich freue mich darüber riesig.

Mit einem nagelneuen Paar Pumps mache ich mich auf den Weg nach Köln zur Party – selbstverständlich per Flieger!

Auf Bios Feier amüsiere ich mich prächtig – aber die Schuhe drücken!

Ich halte es schließlich nicht mehr aus und will nur elegant den Rückzug antreten. Bloß ins Hotel und die Schuhe von den Beinen, denke ich mir.

Doch bei meinem Abgang kommt mir Hape Kerkeling in die Quere. Ihn hatte ich in der Sendung »Glück muss man haben« bei Wolfgang Lippert kennengelernt. Wir beide verstanden uns auf Anhieb. Er freut sich riesig, mich wieder zu sehen, und will unbedingt ein Glas Sekt mit mir trinken.

»Das müssen wir feiern«, meint er und lässt nicht locker.

Da ich Hape nichts abschlagen kann, drücke ich ihm meine Schuhe in die Hand und schlürfe erlöst und vergnügt mit ihm und Jürgen von der Lippe, der sich noch zu uns gesellt, meinen Sekt.

Am nächsten Morgen besteige ich glücklich und

zufrieden mein inzwischen inniggeliebtes Flugzeug.

In Berlin klingelt das Telefon und steht nicht mehr still.

Durch meinen Auftritt bei »Boulevard Bio« ist man in den alten Bundesländern auf mich aufmerksam geworden. Ich bekomme so viele unterschiedliche Angebote, dass ich tatsächlich wählen kann. Ich glaube es kaum!

Nach gründlicher Überlegung entscheide ich mich für den Norddeutschen Rundfunk, wo ich in der Unterhaltungsreihe »Freut euch des Nordens« mitwirken soll.

Diese Entscheidung werde ich nie bereuen!

In Hamburg werde ich herzlichst aufgenommen. Ich stürze mich mit Wonne in die Arbeit, und der Erfolg lässt nicht lange auf sich warten.

Besonders aufregend ist es für mich aber auch, dass ich Kollegen kennenlerne, denen ich schon immer mal begegnen wollte.

Ich denke an Hans-Joachim Kulenkampff, der mir sehr charmant und überaus liebenswürdig entgegentritt. Auch Kammersänger Günter Wewel kennenzulernen bereitet mir große Freude. Dann die Begegnung mit Heidi Kabel, eine Volksschauspielerin im wahrsten Sinne des Wortes, dazu eine humorvolle und lebensstarke Persönlichkeit.

Eines Tages erfahre ich: Ilse Werner kommt als Gast in »meine« Sendung: Diese Frau einmal persönlich zu treffen war schon als junges Mädchen mein Traum. Die Filme dieser Persönlichkeit und großartigen Schauspielerin haben mich schon früh begeistert.

Nun stehe ich ihr als Kollegin gegenüber! Wir verstehen uns sofort blendend.

Meine Partner in der Sendung sind Günter Willumeit und Horst Köbbert. Zwei gestandene Männer und gute Kumpel. Zur weiteren »Verzierung« meines Rahmens trägt die Gruppe »Speelwark« mit Claudia und Helmut bei. Die beiden sind ausgezeichnete Musiker und Sänger – und sehr liebenswerte Kollegen.

Als Kammersänger René Kollo Gast in der Sendung ist, habe ich die Freude, einige Titel seines Vaters singen zu dürfen.

Denn ich singe jetzt auch! Der Komponist Arndt Bause und der Texter Wolfgang Brandenstein schreiben extra für mich Lieder, und inzwischen bin ich auch »käuflich«, das heißt auf Kassetten und CDs zu haben.

In meinem Alter auf dem Weg zum Plattenstar! Was für eine Karriere!

Mich überkommt eine große Freude, in meinem geliebten Beruf wieder, so »dicke« da zu sein.

Inzwischen bin ich schon bei der 49. Sendung angelangt, die 50. begehe ich mit meinem Team in Chicago! Hamburg aber ist mir zur lieben zweiten Heimat geworden.

Von anstrengenden Dreharbeiten zu »Freut euch des Nordens« in Hamburg wieder in Berlin angekommen, erreicht mich ein Anruf. Ich soll in der »Pro-7-Serie »Glückliche Reise« eine Rolle übernehmen. Drehort: Afrika.

Ich denke, das ist nicht von dieser Welt.

12. Glückliche Reise nach Südafrika

Wie ich bald erfahre, soll ich in »Glückliche Reise« eine Reisebusunternehmerin aus Sachsen spielen. Gemeinsam mit ihrem Bruder leitet sie die kleine Firma, die sich mit Kaffeefahrten gerade mal so über Wasser halten kann. Sie ist eine einfache Frau, eine frühere Fabrikarbeiterin, die mit dem Unternehmen mühselig ihre Existenz sichert. Ihr Bruder, vormals Automechaniker, ist für die »technischen« Angelegenheiten der Firma zuständig.

Die Frau wird nun von einer großen Reiseagentur irrtümlich als »Top-Managerin aus dem Osten« nach SunCity in Südafrika eingeladen. Man will mit ihr ins Geschäft kommen. Ihr Bruder, er wird gespielt von Christian Ebel, ist selbstverständlich mit von der Partie.

In beiden Figuren liegen Komik und Tragik sehr dicht beieinander. Das reizt mich sehr. Ich sage zu. Und ab geht's nach Afrika – natürlich mit dem Flieger!

Nach etwa zwölf Stunden Nachtflug lande ich in Johannesburg. Dort soll ich von einem Fahrer der Produktionsgesellschaft, der mit einem Schild in der Ankunftshalle auf mich wartet, abgeholt werden.

Ich halte jedoch umsonst Ausschau. Auch nach einer halben Stunde kann ich noch keinen Mann mit einem Schild entdecken. Ich werde unruhig, was ja wohl verständlich ist – ein anderer Kontinent, eine andere Sprache und noch kein Geld in der Landeswährung.

Hilflos blicke ich um mich und entdecke dabei einen Herrn, der sich eben eine Zigarette anzünden will, offensichtlich aber kein Feuer finden kann.

Das Gesicht kommt mir bekannt vor. Mir fällt ein Stein vom Herzen.

Es ist der bekannte Schauspieler Gunter Berger.

Ich stürze auf ihn zu und reiche ihm mein Feuerzeug. Auch bei ihm ist die große Erleichterung spürbar – er ist in der gleichen Produktion engagiert und wartet wie ich auf den Fahrer. Wie sich herausstellt, saß er sogar in der gleichen Maschine aus Berlin. Gemeinsamkeit macht stark, und so überstehen wir die nächste Stunde bangen Wartens.

Dann endlich kommt unser Fahrer atemlos in die Halle gelaufen. Eine Panne war die Ursache für seine Verspätung.

Auf unserer zweieinhalbstündigen Fahrt nach Sun-City ist es sehr heiß. Wir fahren vorbei an Wellblechhütten, in denen die schwarze Bevölkerung wohnt. Die Hitze knallt erbarmungslos auf die ärmlichen Behausungen, wo es als Waschgelegenheit oft nichts anderes gibt als eine Gießkanne, in der Regenwasser aufgefangen wird.

Was für ein Leben …

Ich schäme mich, eine Weiße zu sein.

Allmählich kommen wir in bessere Wohngegenden. Schneeweiße Bungalows säumen die Straße. Offensichtlich wohnen hier weiße Mitarbeiter von SunCity.

Plötzlich stehen wir vor märchenhaften Hotels.

Marmor, Stuck, Gold, Perlen, Elfenbein – aller Prunk dieser Welt scheint hier vertreten!

Mein Zimmer ist wunderschön: hübsche Bambusmöbel, für angenehme Temperaturen sorgt eine Klimaanlage. Wenn ich aus dem Fenster schaue, blicke ich in eine Märchenwelt: Palmen, exotische Blütenpracht, schillernd bunte Vögel, Affen, die sich in der freien Natur tummeln, von Ast zu Ast und von Fenster zu Fenster turnen. Die Fenster müssen daher geschlossen bleiben – damit sich die Affen nicht in die Zimmer der Gäste hangeln.

Im Innenhof des Hotels gibt es drei Swimmingpools, an denen man es sich gemütlich machen kann. Schwarzes Personal reicht auf Wunsch jede erdenkliche Art von Drinks. Ich komme mir vor wie Alice im Wunderland.

Plötzlich klingelt das Telefon. Mein Kollege Christian Ebel ist am Apparat, er wirkt fürchterlich aufgeregt: »Stell dir mal vor, in meinem Zimmer sitzt eine Affenfamilie auf meinem Bett!«

Folgendes war geschehen: Christian ist zum Rasieren ins Bad gegangen und öffnete zuvor die Zimmerfenster. Auf dem Tisch in seinem Zimmer steht wie üblich ein großer Korb mit Obst. Eine Affenfamilie, die sich gerade am Fenster vorbeihangelt, bekommt das mit. Schwups – im Handumdrehen landet die gesamte Affenfamilie in Christians Zimmer und macht sich über den Obstkorb her. Genüsslich verzehren

Papa, Mama und die kleinen Affenkinder in Christians Bett das köstliche Obst.

Als er aus dem Bad kommt, ist er total geschockt und will die Affen verscheuchen. Das gelingt ihm schließlich auch – doch davor haben sie ihm auf dem Bett ein übel riechendes Abschiedsgeschenk hinterlassen: viele kleine Häufchen …

Das Problem an der ganzen Sache ist, dass er des Englischen nicht ganz mächtig ist. Wie soll er dem farbigen Zimmermädchen nun nur beibringen, dass er das nicht selbst war?

Am Nachmittag treffe ich mich mit dem Regisseur Stefan Bartmann und mit dem Hauptdarsteller Thomas Fritsch. Dabei ist auch mein »Bruder« Christian Ebel.

Wir besprechen das Drehbuch, es gibt keinerlei Schwierigkeiten. Glücklicherweise läuft alles reibungslos – eine »glückliche Reise« eben.

Vierzehn Tage soll nun SunCity mein zweites Zuhause sein.

Am nächsten Tag lerne ich bei den Dreharbeiten die komplette Crew kennen – wir lieben uns auf Anhieb. Das gute zwischenmenschliche Klima in unserem Team erleichtert die teilweise sehr strapaziösen Dreharbeiten. Bei Temperaturen um die 40 Grad Celsius arbeiten wir mitunter zwölf Stunden am Tag. Manchmal dauern die Dreharbeiten bis weit in die Nacht hinein.

Obwohl ich von meiner umsichtigen Maskenbildnerin Karin täglich sorgfältig eingecremt werde, habe ich plötzlich einen starken Sonnenbrand auf den Armen. Sie sehen aus wie zwei Bratwürste – noch nicht ganz durch.

Von der Produktionsleitung bekomme ich reichlich Kalziumtabletten, und so überstehe ich das Ganze recht gut.

Verständigungsschwierigkeiten gibt es mitunter allerdings im Hotel. Mein Englisch reicht nicht aus. So passiert es mir, dass ich drei Abende hintereinander immer wieder Käse-Sandwiches essen muss. Ich versuche, die leckersten Dinge über den Room-Service zu bestellen, doch ich bekomme immer nur die Käse-Sandwiches. Das Personal scheint immer nur »Käse« zu verstehen.

Ich erzähle das meinen Kollegen, die sich darüber köstlich amüsieren. Sofort stellen sie mir eine Liste mit den schmackhaftesten Speisen auf Englisch zusammen. Somit sind für den Rest der Drehzeit meine abendlichen Mahlzeiten gesichert.

Die Zusammenarbeit mit meinen Kollegen gestaltet sich weniger problematisch. Juraj Kukura, Thomas Fritsch, Conny Glogger, Volker Brandt, Gunter Berger und Nina Hoger – sie alle sind menschlich und künstlerisch großartig.

Ich werde die Zeit nie vergessen.

Unter anderem drehe ich auch in der Hotelsuite, in der das »Denver«-Biest Joan Collins gewohnt haben soll. Was für ein Luxus!

Auf der Liege mit dem Leopardenfell räckle ich mich bei den Dreharbeiten genussvoll in der

Annahme, dass darauf bereits meine berühmte Kollegin gelegen hat.

Was so eine Liege alles durchmachen muss …

Voller guter Eindrücke fliege ich vierzehn Tage später zurück nach Berlin. Ich habe viele nette Kollegen kennengelernt, neue Freunde gefunden und beeindruckende Landschaften entdecken dürfen.

Erfreulicherweise sind in dieser kurzen Zeit dauerhafte Kontakte entstanden. Oftmals bekomme ich noch Post von Thomas Fritsch, der wenig später in der Sendung »Glück muss man haben« in Cottbus mein Überraschungsgast ist. Ein Wiedersehen voller Freude!

Nach der Sendung erzählt er mir, dass er am Abend zuvor erst von Dreharbeiten in Hongkong zurückgekommen ist. Statt sich von der anstrengenden Reise zu erholen, ist er gleich nach Cottbus weitergereist.

»Das habe ich nur für dich gemacht, Marianne«, meint er.

13. Von einer Show zur nächsten

Trotz der vielen schönen Städte und Länder, die ich bereise, freue ich mich immer wieder, nach Hause zu kommen. Ich sehne mich nach meinem eigenen Bett, eingefrorenem Eintopf, ja sogar nach meiner Waschmaschine.

Wer wie ich sehr oft im Hotel wohnen muss, schätzt die wenige Zeit, die er in den eigenen vier Wänden verbringen darf, umso mehr. Vielen meiner Kollegen geht das so.

In meinem Beruf ist es schwierig, Freundschaften zu pflegen und zu erhalten. Dazu braucht man Freunde, die dafür Verständnis aufbringen, dass man nicht bei jedem Geburtstag und bei jeder Familienfeier dabei sein kann.

Ich bin glücklich, solche Freunde zu haben.

Meine Freundin Mara, ihr Mann Heinz und Maras 90-jährige Mutter Gertrud, von allen liebevoll »Dupti« genannt – auf die drei kann ich mich verlassen.

Dupti ist mein größter Fan. Sie hat mich in ihr Herz geschlossen und ist stolz auf mich. Bei ihr werde ich wieder zum Kind. Wenn ich große Reisen, verbunden mit wichtigen Sendungen, vor mir habe, betet sie für mich, obwohl sie sonst mit der Kirche nicht viel im Sinn hat. Dann fühle ich mich geborgen, so wie man es fast nur im Schoß einer Familie sein kann.

Wenn ich in Berlin bin, suche ich natürlich auch Dr. Kuttig auf, meinen Leib-und-Magen-Arzt.

Zu ihm kann ich mit allen Wehwehchen kommen – auch mit den seelischen. Meinen letzten Liebeskummer, der erst ein Jahr her ist (Alter schützt vor Torheit nicht!), hat er sich geduldig angehört. Ich hoffe – auch für ihn! – dass dies mein letzter Liebeskummer war.

Mein gemütliches Zuhause kann ich jedoch nie allzu lange genießen.

Diesmal werde ich eingeladen zu Heinz Schenk in seine Sendung »Fröhlich eingeschenkt«.

Er will mit mir als Wirtin der NDR-Sendung »Freut euch des Nordens« plaudern.

Mit von der Partie, auch aus dem Norden kommend, sind Susanne Stahnke und Carlo von Tiedemann. Mit einem hübschen Lied stellen wir uns vor.

Heinz Schenk lerne ich als sehr liebenswerten und engagierten Kollegen kennen, der seine Chansons und Couplets live vorträgt. Ich weiß, was das heißt.

Um ihm eine Freude zu machen, habe ich einen Satz einstudiert, von dem ich glaube, dass er hessisch klingt. Damit erziele ich dann auch bei ihm und dem Publikum einen großen Erfolg. Ein heißer Kuss und eine innige Umarmung sind Heinz' Belohnung. Und das Publikum dankt mir mit tosendem Applaus.

Weiter geht es mit den Talk-Shows in Timmendorf. Ich bin Gast bei Karl Dall.

Kein so leichtes Unterfangen!

Wer bei ihm Gast ist, darf nicht zimperlich sein und muss mit allem rechnen. Auf das Schlimmste vorbereitet, mache ich mich auf den Weg. Fünfzehn Minuten vor der Sendung lerne ich ihn kennen. Ich drücke ihm die Hand, und er meint: »Wir sprechen doch vorher nichts ab, oder?«

»Abgemacht«, entgegne ich, »fragen Sie mich, was Sie wollen. Ich werde schon antworten!«

Und dann steigen wir in den Ring.

Er ist wie ich nicht auf den Mund gefallen. Mir macht die Sache großen Spaß.

Bevor er jedoch mit seinen Fragen zum Thema Männer unter die Gürtellinie gehen kann, blocke ich ihn ab und schocke ihn mit dem Satz: »Mein lieber Karl! Ick liebe die Liebe! Und ick liebe die Männer! Aber wenn ick 'ne Pistole hätte, hätt' ick och 'nen eignen Friedhof!«

Daraufhin fällt Karl der Unterkiefer leicht herunter.

Er braucht mehr als einen Atemzug, um wieder zu Wort zu kommen.

Vereint singen wir zum Abschluss noch »Wer uns getraut«. Karl schreit aus Leibeskräften, als trete man zwei Katzen auf den Schwanz.

Aber dem Publikum gefällt es.

Wenig später ist Karl Dall auch bei mir in »Freut euch des Nordens« zu Gast. Ein herzliches Wiedersehen!

Meinen 65. Geburtstag verbringe ich ganz allein in Warnemünde.

Doch lange währt der Frieden nicht, und darüber bin ich auch froh. Conny Schmidt, Lilo Wanders und Marlene Jaschke gastieren in Göhren und überreden mich, in der Mitternachtsshow des Hamburger Schmidt-Theaters aufzutreten.

Ich freue mich, auch diese von mir sehr geschätzten Kollegen kennenzulernen, und sage gern zu.

Man hat sich für mich etwas einfallen lassen. Mein Auftritt, groß angekündigt von Conny Schmidt, soll aus einem alten DDR-Wohnwagen der Marke »QEK-Junior« erfolgen. Ich soll mich von innen einschließen und bei Nennung meines Namens aus der Tür heraustreten und die Leiter herunterklettern.

Meine Warnung, dass man Türen bei Fernsehsendungen nicht abschließen soll, wird nicht beachtet.

Hätten sie's nur getan!

Conny nennt meinen Namen, ich bereite mich darauf vor, strahlend und elegant aus der Tür aufzutreten – aber ich komme nicht heraus!

Ich versuche mit allen Mitteln, den Riegel aufzubekommen – es ist nicht möglich!

Ich schreie: »Herr Schmidt, ich komme – und wenn ick durchs Fenster muss!«

Während mir das Herz vor Schreck beinahe stillsteht, gibt es große Begeisterung im Publikum! Offenbar glauben die Zuschauer, das ganze Malheur gehöre zur Show!

Ich versuche nun tatsächlich zur Gaudi aller Anwesenden, durch das Fenster nach draußen zu gelangen.

Doch das Fenster geht auch nicht auf!

Letztendlich wäre ich da sowieso nur mit dem Kopf durchgekommen – meinen kleinen Luxuskörper hätte ich nicht durchhieven können!

Der Kameramann jedoch hat für sein Objektiv ein Loch gefunden! Er filmt mich nun im Wagen. Ich bin glücklich, eine Kamera zu sehen.

Währenddessen versuchen zwei Aufnahmeleiter, die Tür aufzubrechen. Ohne Erfolg. Erst als ein dritter hinzukommt und mit voller Wucht gegen die Tür tritt, bin ich befreit.

Der Jubel beim Publikum wäre nicht so groß gewesen, hätte es nicht einen Mordsspaß an der Sache gehabt. Diesem beinahe missglückten, aber letztlich doch erfolgreichen Auftritt habe ich weitere Rollenangebote zu verdanken. Er ist der Auslöser für meine Einladung in Max Schautzers »Pleiten, Pech und Pannen«. Und für »Zwei alte Hasen« bietet man mir eine Nebenrolle an, und so komme ich immerhin in den Genuss eines Drehtages mit Harald Juhnke. Er ist nicht nur ein Erzkomödiant, sondern auch ein sehr charmanter Kollege!

14. Höhenflüge

Und wieder sitze ich im Flugzeug.

Diesmal geht es nach Chicago.

Langsam gewöhne ich mich daran, von Kontinent zu Kontinent gereicht zu werden. Was erwartet mich diesmal?

Zum ersten Mal werde ich vor amerikanischem Publikum meine Lieder singen. Wie werde ich aufgenommen?

Da Chicago die Partnerstadt von Hamburg ist, wird die 50. Sendung von »Freut euch des Nordens« aus der »Rosemont Convention Hall« gesendet.

Mit leicht geschwollenen Füßen betrete ich nach mehr als neun Stunden Flug zum ersten Mal in meinem Leben amerikanischen Boden.

Der Flughafen – gigantisch! Wie alles in Chicago.

Nun bin ich gespannt auf die Wolkenkratzer. Auf der Fahrt ins Motel jedoch sehe ich kilometerweit einstöckige, aber sehr hübsche und mit viel Grün umgebene Bungalows. Doch kein einziges Hochhaus! Das soll Amerika sein?

Das Motel erinnert mich an Alfred Hitchcocks Thriller »Psycho«. Der Eingang und vor allem die Dusche, alles scheint wie aus dem berühmten Film entlehnt. Als ich unter der Dusche stehe, warte ich nur noch auf Anthony Perkins, in der Hand das schreckliche Messer.

Er selbst wäre mir willkommen gewesen, das Messer weniger.

Scherz beiseite! Das Motel bietet allen Komfort, das Frühstück ist himmlisch!

Noch am Tag der Ankunft sehen wir uns die »Rosemont Convention Hall« an. Diese gigantische Halle, die eine riesige Menschenmenge fasst, ist zur Aufzeichnung unserer Sendung vollständig ausverkauft.

Der nächste Tag ist der einzige freie Tag. Und so starte ich mit meinen Kollegen in die City von Chicago. Wir fahren mit der S-Bahn in die Stadt. Nun sehe ich endlich die heiß ersehnten Wolkenkratzer. Ich befürchte eine Genickstarre!

Beim Aussteigen aus dem Zug erwischt uns erst einmal ein Blizzard. Eigentlich ein Sauwetter, doch uns macht das nichts aus. Da müssen wir durch. Chicago sehen – und niesen!

Es ist überwältigend. Natürlich besichtigen wir den Sears Tower, das lange Zeit höchste Gebäude der Welt mit 110 Stockwerken. In Sekunden sind wir mit dem Lift ganz oben. Von der Plattform aus haben wir einen wunderschönen Blick über Chicago.

Mir fehlen die Worte! Gigantisch! Imponierend und schön!

Endlich sehe ich auch den Michigansee, auf dem ich gerne eine Bootsfahrt unternehmen würde. Das geht aber leider erst in der wärmeren Jahreszeit. Dafür machen wir eine schöne Stadtrundfahrt mit dem Trolley. Mitten in Chicago dieses altertümliche Vehikel – es ist ein einzigartiges Vergnügen.

Es geht quer durch die Stadt und am Michigansee vorbei.

Beim anschließenden Besuch eines Kaufhauses werde ich von dem überwältigenden Angebot fast erschlagen. Man weiß nicht, wo man zuerst hinsehen soll. Ich will etwas kaufen, das mich an Chicago erinnert. Doch ich komme nicht dazu, ich kann mich nicht entscheiden.

Außerdem tun mir langsam die Füße weh. Ich habe das Gefühl, dass ich zehn Zentimeter kleiner geworden bin – total abgelaufen!

So habe ich in meinem Fluggepäck dann nur ein T-Shirt für den Sohn meiner Nachbarin, natürlich mit dem Aufdruck »Chicago«. Mein Mitbringsel kommt bei dem sechsjährigen Tobias sehr gut an. Ich steige daraufhin enorm in seiner Achtung.

Nach diesem Ausflug beginnt die Probearbeit. Der Tag der Sendung rückt näher, und somit wird mir immer flauer im Magen. Das Lampenfieber setzt ein. Wird das Publikum uns annehmen, wird es meinen Humor verstehen? In einer gut funktionierenden Gemeinschaft lässt sich die Angst besser ertragen. Glücklicherweise sind wir, die gesamte Crew, eine geschlossene Einheit, von der Aufnahmeleitung über die Techniker bis hin zu uns Protagonisten. Zusammen sind wir stark, mit diesem Gefühl gehen wir auf die Bühne.

Dann ist es so weit.

Mir fällt ein Stein vom Herzen, das Publikum ist phantastisch.

Es ist diszipliniert, ein gut erzogenes Publikum voller Begeisterungsfähigkeit. Ich habe es auf meiner Seite, das spüre ich vom ersten Moment an.

Die ganze Sendung wird im Finale mit Standing-ovations belohnt.

Ich stehe auf der Bühne und heule.

Durch meinen Tränenschleier sehe ich, dass es den anderen genauso geht. Es ist ein wunderbares Gefühl, hautnah erleben zu dürfen, wie Musik und Humor die Menschen über Kontinente hinweg verbinden.

Kaum in Berlin zurück, finde ich die nächste Einladung im Briefkasten. Dagmar Frederic feiert ihren 50. in der Kleinen Revue des Friedrichstadtpalasts. Ich freue mich zwar über die Einladung, leide aber noch unter der Zeitverschiebung. Die sieben Stunden Unterschied zwischen Chicago und Berlin machen sich doch gewaltig bemerkbar.

Aber, wie gesagt: »The show must go on!« Ich ziehe mich um, kaufe noch schnell einen riesigen Blumen-strauß und mache mich auf den Weg zu Daggis Fete.

Welch ein Abend! Wiedersehen, Händedrücken, Umarmung mit vielen Kollegen, die ich lange Zeit nicht gesehen habe: Peter Wieland, Heinz Quer-mann, Jürgen Walter, Alexander Iljinskij, Jürgen Nass, Emöke Pöstenyi, Wolfgang Kohlhaase, Alfred Müller, Gaby Seiffert, Wolfgang Völz und und und.

Danach gönne ich mir ein paar Tage Urlaub in mei-nem geliebten Warnemünde – wie jedes Jahr.

Ich muss nicht stundenlang in die Ferne fliegen und an überfüllten südlichen Stränden liegen.

Hier, wo ich schon immer gern Urlaub gemacht habe, fühle ich mich sehr wohl. Im Hotel bin ich ein gern gesehener Gast und werde dementsprechend verwöhnt. Ich erhole mich prächtig bei ausgiebigen Strandspaziergängen und Schwimmen im Hotel-Pool. Ich genieße frische gebackene Schollen und geräucherten Aal am Hafen, treffe mich auf eine gemütliche Kaffeestunde mit Horst Köbbert und seiner Frau Gabriele – seltene Stunden der Entspannung. Wie es der Zufall so will: In meinem Stammhotel läuft mir Kammersänger Günter Wewel mit seiner Frau über den Weg – natürlich lassen wir uns die Gelegenheit zu einem Schwätzchen abseits der Hektik des Fernsehgeschäfts nicht entgehen. Als er mir ein Stück köstliche Apfeltorte spendiert, kann ich meinen inneren Schweinehund nicht besiegen und greife zu. Schlechten Gewissens dehne ich meine tägliche Strandwanderung um eine Stunde aus.

Ruhe ist natürlich relativ. Auf der Promenade in Warnemünde werde ich täglich von Fans angesprochen. Ich nehme mir die Zeit für eine nette Plauderei. Inzwischen sind es nicht mehr nur Zuschauer aus der ehemaligen DDR, die mich erkennen. Urlauber aus Köln, Lübeck und München freuen sich über eine persönliche Begegnung mit mir.

In Berlin wartet indes schon wieder die Arbeit. Das Team von der »Riverboat«-Talkshow in Dresden versucht mit Nachdruck, einen freien Termin in meinem Kalender zu ergattern.

Die Gesprächsrunde auf der Elbe in meiner Heimatstadt macht mir viel Spaß. Ich sitze mit

Kammersänger René Kollo, Peter Ensikat, Frank Beyer, Patrick Lindner und Muck in der Runde. Gern wäre ich noch länger in Dresden geblieben, hätte ich die Gelegenheit genutzt, meine Heimat zu durchstreifen. Der Zwinger, die Elbauen, meine Schule, die Semperoper – Stätten der Erinnerung, für die ich wieder einmal keine Zeit habe. In Potsdam wartet schon am nächsten Morgen eine Live-Talkrunde beim Rundfunksender »Antenne Brandenburg« auf mich.

Die Zeit der Arbeitslosigkeit ist Gott sei Dank vorüber. Ich komme kaum noch dazu, die Koffer richtig auszupacken.

In Berlin liegen schon wieder viele Drehbücher auf meinem Schreibtisch. Tag für Tag koche ich mir frühmorgens eine große Kanne Kaffee und einen Eintopf, setze mich an meinen Küchentisch vors Fenster. Stundenlang habe ich für nichts anderes einen Sinn als für meine Drehbücher. Ich bin kein »Schnell-Lerner«, sondern muss mir meine Texte erarbeiten. Dazu gehört eiserne Disziplin. Und die macht sich spätestens dann bezahlt, wenn ich vor der Kamera stehe.

Wie sehr liebe ich meinen Beruf, der mir die Möglichkeit gibt, dies alles zu erleben. Ich darf den Menschen Freude schenken – und habe selbst die meiste Freude daran. Mein Tatendrang ist nicht zu bremsen, und so wird sich auch mein Wunsch nach neuen TV-Rollen in Komödien, Lustspielen und heiteren Serien sicher bald erfüllen.

edition berolina

25 Jahre Anti-DDR-Feldzug

Klaus Huhn
Lügen wie gedruckt

Bestsellerautor Klaus Huhn macht sich Gedanken darüber, wie es um Dichtung und Wahrheit in den Verlautbarungen bundesdeutscher Gegenwärtigkeit zur Geschichte der DDR bestellt ist.

144 Seiten, 12,5 x 21 cm, Broschur;

ISBN 978-3-86789-817-1 | 9,99 €